BUSCANDO LA FELICIDAD EN EL LUGAR EQUIVOCADO

BUSCANDO LA FELICIDAD EN EL LUGAR EQUIVOCADO

Comprender y tratar las adicciones
desde un enfoque humanista e integrador

Núria Palau

TÍTULO: *Buscando la felicidad en el lugar equivocado.*
Comprender y tratar las adicciones desde un enfoque humanista e integrador.
AUTORA: *Núria Palau©, 2025*

COMPOSICIÓN: *HakaBooks - Optima, cuerpo 12*
DISEÑO DE LA PORTADA: *Hakabooks©*
ILUSTRACIÓN PORTADA: *Hakabooks©*

1ª EDICIÓN: *abril 2025*
ISBN: *978-84-10173-91-0*
DEPÓSITO LEGAL: *B 8438-2025*

HAKABOOKS
08201 Sabadell - Barcelona
☎ *+34 680 457 788*
🏠 *www.hakabooks.com*
✉ *editor@hakabooks.com*
f *Hakabooks*

*Dedico aquest llibre al Lluís,
a la Ona i a la Berta,
al vostre costat trobo la meva felicitat*

AUTOBIOGRAFÍA EN 5 CAPÍTULOS BREVES

Capítulo uno

Voy andando por la calle

Hay un agujero profundo en la acera

Me caigo

Estoy perdida… No sé qué hacer

No es culpa mía.

Tardo siglos en salir.

Capítulo dos

Voy por la misma calle

Hay un agujero profundo en la acera.

Hago como que no lo veo

Me vuelvo a caer.

No puedo creer que me haya caído en el mismo sitio.

Pero no es culpa mía.

Tardo bastante tiempo en salir.

Capítulo tres

Voy por la misma calle

Hay un agujero profundo en la acera.

Veo que está ahí
Me caigo… es un hábito,
Pero tengo los ojos bien abiertos.
Sé dónde estoy
Es culpa mía
Salgo rápidamente.

Capítulo cuatro

Voy por la misma calle

Hay un agujero profundo en la acera.

Lo esquivo.

Capítulo cinco

Voy por otra calle.

PORTIA NELSON. 1977

ÍNDICE

PARTE 1

AGRADECIMIENTOS

Este libro es para mí el compendio de todo lo que he aprendido después de muchos años de profesión dedicados a trabajar con personas con adicciones. Se trata de mi visión personal, mi manera de comprender y acercarme a este problema tan profundamente doloroso. Por ello, quiero agradecer a todos los que, cada uno a su manera, han hecho posible mi aprendizaje y su materialización en este libro.

Doy las gracias a mis padres y a mi hermano por haberme dado un hogar tranquilo en el que crecer y pertenecer, y con los que siempre he podido contar.

Gracias a mi pareja por ser mi compañero de vida, siempre incondicional y entusiasta.

Gracias a mis hijas por darme la oportunidad de dar y recibir amor del bueno, y por mantenerme actualizada sobre el delicado arte del querer.

Gracias a mis amigas por confiar tanto en mí y verme siempre con tan buenos ojos.

Gracias a mi familia política, también, por haberme acogido desde el primer día, regalándome otra manera de hacer familia.

Gracias a mis maestras y maestros de la profesión, tanto por todo lo que me han enseñado a nivel de teoría y práctica terapéutica, como también, y, sobre todo, por su gran generosidad y su apertura de corazón. Soy la psicóloga que soy ahora gracias a vuestra infinita sabiduría, a vuestro ejemplo y a vuestro continuo apoyo.

También quiero agradecer su aportación a todas mis compañeras y compañeros. Gracias por hacer equipo conmigo, por acompañarme y por respetarme tal y como soy.

Gracias a todas las psicólogas y psicólogos en formación que he tenido la oportunidad de tutorizar, por dejarse inspirar por mí y ayudarme a poner palabras a lo que hago.

Gracias asimismo a la editorial Hakabooks, para dar cuerpo a lo que hasta ahora era una idea en mi cabeza.

Por último, y haciendo mención especial, gracias a todas las personas a las que acompaño y he acompañado psicoterapeuticamente. Les agradezco su confianza en mí para compartir su dolor y su sufrimiento, por atreverse a enseñarme su oscuridad, y por confiar que podíamos encontrar la luz juntos. Sin ellos, este libro no hubiera sido ni tan solo una idea.

INTRODUCCIÓN

La tendencia a escapar del dolor y aproximarse a lo que da placer es el primer ladrillo del sistema de supervivencia de todo ser vivo. Al mismo tiempo, es la base de toda conducta adictiva, el motivo por el que se consume (ya sea una droga, un medicamento, unos contenidos audiovisuales...).

El consumo nos aparta del contacto con algún aspecto no deseado de la realidad y sentido en el cuerpo, creando una falsa realidad y, por extensión, un falso "yo". Siempre se consume por algún motivo: para no sentir aburrimiento, para evadir la soledad, para combatir la timidez, para difuminar el dolor, para contrarrestar el cansancio… Incluso consumir para divertirse "más" también es un modo de no vivir con lo que hay de forma natural en ese momento. Luego, el propio consumo continuado perpetúa el motivo y lo distorsiona, y nos hace creer que sólo a través del consumo somos divertidos, productivos, estamos acompañados, o que nuestra vida es emocionante. Al mismo tiempo, este motivo que nos lleva a escoger el consumo tiene relación con cómo uno es y con la propia historia, está influenciado por el momento social y cultural en el que se está inmerso y, como veremos, está, de alguna manera, inscrito en el cuerpo.

La conducta de consumo que luego se transformó en necesidad imperiosa fue un intento de encontrar bienestar o felicidad, pero quien la llevó a cabo no tuvo en cuenta el peaje o los intereses que luego debería pagar en divisas como la salud, el desarrollo personal o en sus relaciones significativas.

¿Podríamos decir que tal persona en su búsqueda por estar mejor tuvo libertad plena para decidir si consumir o no? De entrada, nos parecería obvio decir que sí, que nadie le obligó bajo amenaza de muerte a hacerlo.

Pero... ¿tenía todos los recursos personales y sociales a su alcance para escoger otro camino y aún así lo hizo? ¿Era plenamente consciente, sin engañarse, de los efectos a largo plazo que tendría sobre su organismo, sobre sus pensamientos y sobre su conducta, y aún sabiéndolo se aventuró con calculada estrategia? Y una vez ya en el barco de la adicción, ¿qué tan libre fue para gobernar su timón?

Estas son algunas de las preguntas que pretenden ser respondidas a lo largo de estas páginas.

Este libro, que el lector tiene en sus manos, nace con la pretensión de ayudar a ampliar la mirada y el corazón para poder comprender, de forma amplia y compasiva, a la persona que acude a pedir ayuda, ya sea persona que acude a nuestra consulta, un familiar, o un amigo.

A este estado de comprensión se podrá llegar si uno se percata de la humanidad compartida, ya que todos tenemos la misma tendencia a escapar del dolor y buscar el placer inscrita en nuestra biología.

También si admitimos que todos (o todos los que vivimos en el mundo occidental) estamos inmersos en una sociedad capitalista basada en el consumismo e influidos por el credo del arreglo rápido, del usar y tirar, del tener para ser.

Y que los caminos que esa persona ha transitado no son tan diferentes a los míos, ya que tanto la otra persona como yo fuimos un día dependientes. Todos nacemos inmaduros, en simbiosis con nuestra madre, necesitados de sus cuidados y de su afecto. A lo largo de nuestro desarrollo, vamos recorriendo con más o menos dificultad la ruta hacia la individuación, descubriendo y definiendo quiénes somos, quiénes son los otros, y tomando responsabilidad sobre qué vamos a hacer en este mundo. En algún punto de este camino podrán existir agujeros que nos harán desviar, tambalear, o incluso caer, dificultando nuestro tránsito hacia la independencia. Para que, una vez diferenciados y en el fin de nuestros días, podamos volver a unirnos al incansable ciclo de la vida.

A la vez, todos los seres humanos compartimos la misma necesidad psicológica de estructura y de relación. Necesitamos poder conocer, ordenar y predecir la información que nos llega; darle una estructura que nos facilite los pasos y nos evite la angustia de la incertidumbre. Y, sobre todo, lo necesitamos para conseguir vínculos con otros humanos, imprescindibles para la supervivencia y el crecimiento. Debido a ello, solemos explicarnos historias para comprender nuestras vidas, y actuamos en congruencia con ellas en un ejercicio de coherencia. Luego, esas historias se esconden en nuestra conciencia y siguen operando sin que nos demos cuenta.

Hay muchas narraciones posibles, siendo una de ellas: "No estoy bien, no soy un ser completo, necesito algo fuera de mí para vivir". Este cuento puede tener su origen en aprendizajes tempranos, y pueden llevarnos al desarrollo de conductas de tipo adictivo.

Después de más de quince años dedicándome a acompañar personas con conductas adictivas, me siento afortunada de haber desarrollado una comprensión profunda sobre este fenómeno, tan común como devastador para las personas que lo sufren y para sus familiares.

He escogido, para orientarme, el modelo psicoterapéutico de la Psicoterapia Integradora Humanista, de Gimeno-Bayon y Rosal (2001).

Humanista porque le interesa aquello que nos hace típicamente humanos, como es el cuestionamiento del proyecto existencial, los valores, el amor o el crecimiento personal.

Cuando acompaño a alguien afectado por una adicción observo que, bajo la fachada dura y distante que a menudo exhibe, hay un ser humano con miedos, tristezas, inseguridades, y mucha soledad... Cuando esta persona enfrenta su adicción, con la dificultad y el coraje que esto implica, se produce una especie de despertar a la vida, de honra incluso de la misma, que me emociona, me admira y me ayuda también a mí a honrar la vida como se merece.

Integradora, también, porque aúna conocimientos y contribuciones de otros modelos o paradigmas teóricos y psicoterapéuticos que puedan ser provechosos para la intervención.

Además, incluye una perspectiva histórica porque quiere saber el recorrido, o la historia, que ha llevado a la persona a desarrollar su problema, así como una visión sistémica; porque le interesa conocer en qué contextos o sistemas sociales se mueve y que también son claves para entender de dónde viene todo.

Y, más aún, me inspiran sus consideraciones respecto a aspectos de la vinculación terapéutica, algunas de las cuales son:

la consideración de que todo ser es único e irrepetible,

la evitación de las etiquetas,

la importancia de la relación por encima de cualquier técnica,

la creatividad en cuanto a las propuestas terapéuticas,

la confianza en las capacidades de la persona,

el trabajo en equipo

y la tendencia igualitaria entre terapeuta y paciente.

El libro está organizado en tres partes.

En la primera, se expondrán de forma sucinta las bases para comprender por qué y para qué existen las conductas adictivas, a nivel biológico, sistémico y psicológico. Esta información tiene el fin de irnos imbuyendo de esa comprensión amplia, contribuye a ampliar la mirada para ver cómo el fenómeno de las adicciones es algo que nos toca de cerca y nos incumbe, porque está dentro de nuestros cuerpos y dentro de nuestra cultura. Para que, poco a poco, palabra a palabra, vaya llegando el sentimiento compasivo a nuestros corazones. Sería como preparar la tierra, arándola, quitando las malas hierbas del prejuicio y el estigma, y echándole abono para que pueda crecer de ella plantas con flores más bellas y mejores frutos.

En la segunda parte, una vez abierto el corazón, se hablará de cómo abordar el acompañamiento psicoterapéutico, tanto por lo que respecta a las actitudes y la presencia terapéutica, como a los objetivos de trabajo y a las técnicas psicoterapéuticas. Dedicaré un apartado especial para hablar de las familias y de su compleja situación como acompañantes.

El último capítulo estará destinado a exponer un caso clínico, con el propio testimonio inestimable de la persona que vivió el proceso terapéutico.

La adicción, al ser un remedio (aunque malo) contra la infelicidad y el vacío, lleva consigo, como si de las dos caras de una moneda se tratara, la oportunidad de descubrir el sentido profundo de la vida, el propósito para el cual estamos aquí. Cuando se afronta y trasciende la adicción se puede acceder a la revalorización de la vida, al descubrimiento de la propia esencia, una vez apartadas todas las máscaras y deshechos los planes vitales inconscientes. De esta manera el vacío que uno siente dentro de sí puede llenarse, no ya de algo externo, sino llenarse de sí mismo. Y es aquí donde uno encontrará la verdadera felicidad.

PARTE 1

1

LA TENDENCIA ADICTIVA ES INHERENTE A LA NATURALEZA HUMANA

«La verdadera felicidad no consiste en tenerlo todo,
sino en no desear nada»

SÉNECA

¿La tendencia adictiva es común a todos los seres humanos? ¿Cualquier persona podría sufrir una adicción?

Lo cierto es que todos tenemos un cerebro susceptible de convertirse en adicto.

La conducta adictiva se genera en las mismas estructuras cerebrales, y a través de los mismos procesos que los que aseguran la supervivencia. Veremos que la conducta adaptativa y la conducta adictiva están inherentemente unidas a nivel biológico, como si la conducta adictiva fuera un error o una mala interpretación del mismo mecanismo que nos mantiene vivos y nos dirige hacia la seguridad.

¿Qué es una conducta adictiva?

Antes que nada, aclaremos de qué hablamos cuando hablamos de adicción. La OMS define la adicci ón a sustancias psicoactivas como *"el consumo repetido de una o varias sustancias psicoactivas, hasta el punto de que el consumidor (denominado adicto) se intoxica periódicamente o de forma continua, muestra un deseo compulsivo de consumir la sustancia (o las sustancias) preferida, tiene una enorme dificultad para interrumpir voluntariamente o modificar el consumo y se muestra decidido a obtener sustancias psicoactivas por cualquier medio. Por lo general, hay una tolerancia acusada y un síndrome de abstinencia que ocurre frecuentemente cuando se interrumpe el consumo. La vida del adicto está dominada por el consumo de la sustancia, hasta llegar a excluir prácticamente todas las demás actividades y responsabilidades"*.

Conviene aclarar que, cuando hablamos de tolerancia, nos referimos al proceso por el cual el cuerpo se adapta al consumo regular y el efecto producido por el mismo es cada vez menor, obligando al incremento progresivo de la dosis. El síndrome de abstinencia, por su parte, es el compendio de síntomas que se pueden experimentar tras el cese del consumo (como, por ejemplo, sudoración, náuseas, temblores...).

Esta definición describe un caso "prototípico" de trastorno adictivo, pero existen otros "consumos problemáticos" que tienen manifestaciones diferentes a la descrita.

Por ejemplo, podemos encontrarnos con alguien que no consume de forma frecuente pero que cuando consume no tiene control sobre ello y no puede parar. La persona puede no reconocer su adicción al no ser una "necesidad" o ser algo habitual, pero su consumo puede estar perjudicando seriamente varias áreas de su vida (llevándolo a decir o hacer cosas que deterioren su actividad laboral, o sus relaciones personales, o su autoimagen).

O puede haber alguien con un consumo diario y que no sienta aparentes alteraciones en su vida ni sufrir síndrome de abstinencia cuando deja de consumir. La persona cree que en realidad puede dejarlo "cuando quiera", pero lo cierto es que acaba "no queriéndolo nunca", y adaptando su vida "a la baja" para poder ir sosteniendo el consumo (no optando a mejorar profesionalmente, no implicándose en relaciones de intimidad, no interesándose por actividades de ocio que lo llenen...)

La clave aquí sería no tanto el qué, sino el cómo se produce este consumo, y cómo le está afectando a uno el uso de la sustancia. Además, para valorar la gravedad o la repercusión debemos considerar variables como la edad, la condición médica, el momento en qué se consume, o el fin perseguido. No tendrá la misma repercusión beber una copa con 14 años que con 40, ni será lo mismo beberla si se tiene una enfermedad hepática que si se está sano, así como no será lo mismo beber esa copa en una ocasión puntual que cada día por la mañana antes de ir a trabajar. Y, por supuesto, no será lo mismo beberla con una finalidad de celebración que hacerlo para no sentir algún malestar emocional.

Debemos conocer bien a la persona que está teniendo comportamientos de consumo para determinar si estos son problemáticos: cómo es su momento vital, su contexto de vida, o sus motivos. En lugar de caer en sentencias y diagnósticos que etiquetan o bien minimizan, miremos cómo está afectando ese comportamiento a su libertad en la toma de decisiones, a la realización de sus valores, al desarrollo de su ser y de sus potencialidades.

Si la persona vive alienada de sí misma y de sus metas, y ya no se siente libre de elegir su conducta de forma secundaria al consumo, será cuando consideraremos el comportamiento como un problema. Y será considerado trastorno cuando esté afectando de forma significativa su desarrollo en varias áreas de la vida del individuo (personal, laboral, relacional,...).

Esto mismo sería aplicable también a cualquier comportamiento (como el juego, las compras, el uso del móvil,...) que pueda provocar tales consecuencias, aunque es cierto que existen algunas diferencias entre las adicciones a sustancias y las adicciones comportamentales. Tanto las unas como las otras pueden provocar síntomas de dependencia y abstinencia psicológica, pero existen algunas sustancias, o drogas, que desarrollan además síntomas de dependencia física, como el alcohol o los opiáceos (tales como la heroína o determinados analgésicos). El cese brusco del consumo de estas sustancias cuando hay dependencia física puede ser peligroso, y no debe aconsejarse.

No obstante, de ahora en adelante vamos a hablar de *adicción* o *conducta adictiva*, y con esta nomenclatura nos vamos a referir a todos estos consumos problemáticos.

Los cuatro signos cardinales de la adicción

Washton y Woundy (1991) identifican cuatro signos cardinales que ayudarían a identificar un comportamiento adictivo:

Obsesivo: esta conducta emplea un tiempo excesivo en la vida de la persona. No sólo sería el tiempo empleado en consumir, si no también todo el tiempo en pensar en ello, en planificar cómo hacerlo, en sentir el malestar mientras no lo consigue, más todo el tiempo gastado en recuperarse de los efectos del mismo.

Dañino: al principio, se obtiene una cierta gratificación igual que con un hábito, pero con el tiempo empieza a generar consecuencias negativas que causan daño en la vida de la persona. A pesar de ello, y esa es una de las principales diferencias, ese comportamiento se mantiene.

Falto de control: a pesar de las consecuencias, la capacidad de controlar o cortar con el comportamiento dañino se pierde. Es una sensación, la de la pérdida del control voluntario sobre una conducta, que puede ser muy nueva y extraña para la persona, que nunca antes había experimentado. Por ello, suele ser muy frustrante y crea mucho malestar.

Negado: disminuye la capacidad de autoconciencia o autorreflexión, hace que la persona se aleje de su verdadero yo y cierre los ojos para poder continuar con el consumo, aunque eso vaya acumulando más y más problemas. También lleva a la mentira para que nadie pueda interferir en él.

Y, ¿cómo puede un comportamiento tan dañino convertirse en algo tan deseado y buscado por alguien? Porque el cerebro de ese alguien cree que aquello es necesario e imprescindible para la vida.

Mecanismos cerebrales en los procesos de adicción: ¿una historia de amor?

Para explicar cómo se desarrollan estos comportamientos, estos autores lo asemejan al establecimiento de una relación amorosa, enfatizando, así de paso, la naturaleza intrínsecamente relacional de este fenómeno. Veamos cuáles son las etapas que se suceden, y cuáles son los mecanismos cerebrales subyacentes que los explican.

Enamoramiento

Al principio de todo, el encuentro puede ser totalmente casual y no planificado. Existe disponibilidad en el entorno y la persona prueba. El hecho que provoca que se enamore radica en la sorpresa que su organismo experimenta al percibir los efectos que provoca la droga o el comportamiento. Se percibe una sensación que supera las expectativas y que satisface sus necesidades más o menos declaradas. Experimenta mucho placer, o expansión, o fortaleza, o una calma absoluta. Cada uno se enamora de aquello que viene a calmar alguna de sus carencias, igual que podemos enamorarnos de una persona que tiene características que a nosotros nos faltan.

Esa sorpresa o error de predicción parece que se activa por una inundación en el cerebro del neurotransmisor *dopamina*.

Las drogas o comportamientos adictivos provocan, por diversos mecanismos, un exceso de *dopamina* en cantidad y duración que el cerebro no sabe gestionar de entrada, y necesita modificar vías y circuitos para acomodarse.

En un momento se pensó que las oleadas de *dopamina* que producen las drogas eran la causa directa de la euforia o el placer, pero ahora se considera que la *dopamina* tiene más que ver con hacernos repetir las actividades placenteras (reforzar la conducta) que con la producción directa del placer.

Las sensaciones de querer o desear se producen en una zona del cerebro llamada área tegmental ventral (ATV), que se incluye dentro de las estructuras relacionadas con la conducta adaptativa y la supervivencia. Ésta se conecta por medio de vías neuronales con el núcleo accumbens. Cuando las neuronas se activan liberan *dopamina* en el núcleo accumbens y la persona experimenta la sensación de motivación. Aparte, otras moléculas serán las que provocarán la sensación de placer.

El área tegmental ventral también envía haces neuronales hacia los ganglios basales. Esta conexión se ha relacionado con los procesos de aprendizaje más primarios y con el establecimiento de hábitos. La adicción sería, en este caso, un hábito patológico.

A su vez, también conecta con la amígdala y la corteza prefrontal.

Toda esta vía se denomina mesolímbica y es conocida como el circuito del deseo o de recompensa. Desempeña un papel fundamental en la supervivencia humana, pues es la encargada de que aprendamos y recordemos aquellas conductas que nos ayudan a sobrevivir, ya sea porque nos provocan placer o nos alejan del dolor. Esta sorpresa en la predicción provoca que esa conducta quede marcada como "favorita", o muy deseable para la supervivencia. Sabemos que el sistema límbico es el centro emocional primario, con lo que esta experiencia es profundamente afectiva.

Este mecanismo tiene un claro valor de adaptación. Si nos estuviéramos muriendo de hambre, la motivación para alimentarnos se tornaría tan importante que la antepondríamos a cualquier otra cosa. Si encontráramos de pronto una fuente de alimento, esa conducta que nos ha llevado a ese descubrimiento quedaría profundamente aprendida para poder repetirla lo máximo posible. El deseo, o el ansia, es la fuerza que asegura el movimiento hacia ese comportamiento.

Esto es lo que le ocurre a un bebé cuando, por primera vez después de nacer y gracias a sus reflejos, encuentra el pezón de la madre y siente cómo la leche materna entra en su boca y lo alimenta. El placer que experimenta provoca que esa conducta quede fuertemente grabada en su cerebro y, gracias a la *dopamina*, el bebé se motivará a repetirla. No sólo porque le sacia el hambre, sino también porque le da calor, afecto y contención emocional. Esa sería una de las primeras veces en las que se activa el circuito de recompensa.

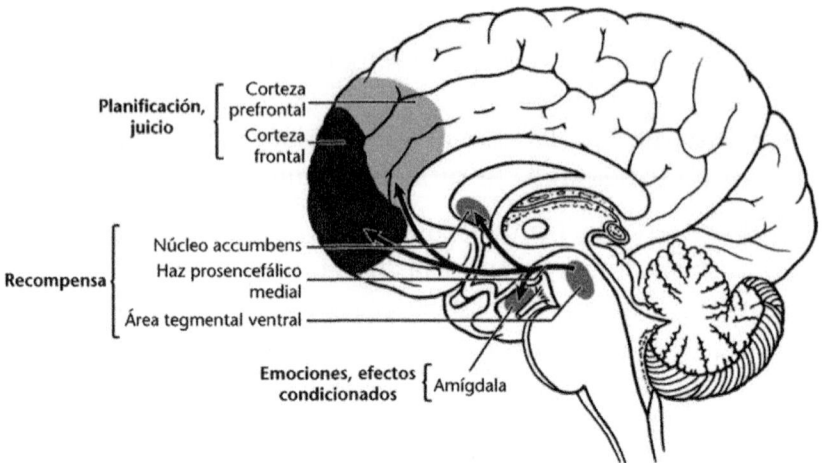

Adaptado por Romaní Alfonso, O. (2018) a partir de Tomkins y Sellers (2001). «Addiction and the brain: the role of neurotransmitters in the cause and treatment of drug dependence». CMAJ (vol. 164, núm. 6).

Luna de miel

Una vez la persona ha "aprendido" que esa conducta de consumo puede aliviarla o transportarla a otro estado anímico más deseable, será fácil que vaya a buscar eso cuando se encuentre en momentos difíciles.

A la vez, también se han ido forjando aprendizajes *condicionados* que relacionan, a nivel más o menos implícito, estímulos del entorno que antes eran neutros con el deseo o ansia de consumo. Por ejemplo, si se consumía por la tarde, sólo observar cómo la luz del día se vuelve más tenue o anaranjada ya puede desencadenar el deseo. Otros ejemplos podrían ser ver a una determinada persona, pasar por un lugar determinado, o un determinado estado de ánimo que se haya asociado al consumo. Al estar enamorados, todo lo que vemos nos recuerda a ello.

La amígdala y otras regiones límbicas son las encargadas de registrar en la memoria implícita toda esta información, y le añaden significación emocional. Es decir, pasa a estar cada vez más y más presente en la mente de la persona.

Por una cuestión de eficiencia y ahorro energético, nuestro sistema biológico siempre busca la manera más fácil y con menos dolor de ir de un punto A a un punto B.

Imaginemos que estamos atravesando un puerto de carretera con nuestro coche, y podemos escoger entre pasar por el túnel que atraviesa la montaña o rodearla por la carretera de curvas imposibles. A no ser que nos guste especialmente conducir y no tengamos prisa, lo habitual será escoger ir por el túnel, el cual nos llevará al otro lado de forma rápida y cómoda.

Ante situaciones de dificultad tenemos dos estrategias para su afrontamiento: tratar de intervenir en el entorno para reducir o subsanar el elemento que causa el problema o, si no podemos, reducir o eliminar el malestar producido por el mismo. Cuando se experimenta una situación como sin salida, o no se tienen demasiadas herramientas de regulación, es probable que se escojan más las salidas fáciles que los caminos de curvas y cuestas (más incómodos a corto plazo, pero más satisfactorios a medio y largo plazo).

Traición

Las drogas y comportamientos adictivos producían unos efectos que aparentemente cumplían una determinada función, y confiábamos que eso pasaría siempre que los usásemos.

En esta etapa se producen dos fenómenos que ensombrecen el panorama; cada vez cuesta más obtener la sensación que se obtuvo al principio pero, a la vez, el deseo o ansia para conseguirlo no se modula. Por tanto, se tiene que consumir más y más para obtener la satisfacción buscada.

En el caso de un reforzador natural como la comida, por ejemplo, una vez que se está comiendo, si todo va bien, se obtienen estímulos de placer que después van disminuyendo y son sustituidos por una sensación de saciedad y satisfacción, y el apetito o motivación por comer también acaba por desaparecer.

Eso es el funcionamiento natural del *fluir vital*, que dibuja un ciclo de detección de necesidad, elección de un comportamiento en respuesta a ella, implementación de la acción, satisfacción y vuelta al estado previo de equilibrio. Este proceso es debido a que el organismo puede regular la presencia de la dopamina en el espacio sináptico, reduciéndose una vez se ha alcanzado la saciación.

En el caso de las adicciones, el placer disminuye debido a la tolerancia a ese mismo placer, pero no así el ansia por seguir consumiendo. Ya no se recibe aquello que uno desea, lo que lleva a buscarlo más y más por si por fin aparece.

Debido a que el comportamiento adictivo sigue, no se producirá la reducción de dopamina, así que la sensación de motivación o ansia sin conseguir placer continuará generando un ciclo incansable de acciones que ya no generarán saciación ni relajamiento a largo plazo.

El consumo repetido y frecuente hará que el cerebro modifique sus vías y circuitos dopaminérgicos en un intento de acomodación a estos niveles elevados. Además, se genera una sensibilización conductual en el sentido de que cuanto más se hace, más se quiere.

El mecanismo conductual y emocional de la recompensa queda secuestrado por este "premio" que viene del exterior. Ya no se siente placer ni motivación por otros estímulos que no sean eso. Con el consumo crónico, la dopamina sólo se libera cuando se consume, y hay una privación de la misma en abstinencia.

Ruina

A medida que se va repitiendo el consumo, cada vez se experimenta menos euforia y placer, y, por contra, se va experimentando cada vez más malestar si no se consume. Esto es debido a la participación, de nuevo, de la *amígdala,* que es una pieza clave del sistema límbico. Esta estructura está relacionada con las sensaciones del estrés como la ansiedad, la irritabilidad y la inquietud; las cuales son características de la abstinencia, una vez que la droga desaparece del sistema, y motivan a la persona a volver a consumirla.

No obstante, no es sólo la evitación de las sensaciones desagradables lo que mantiene el consumo.

Como antes se ha mencionado, el circuito de recompensa incluye la vía mesolímbica y también la mesocortical, esto es, la conexión entre la ATV y las estructuras corticales frontales. Al alterarse este circuito, también se altera la capacidad para planificar, reflexionar y controlar los impulsos y, a la vez, facilita la inundación de pensamientos obsesivos alrededor de cómo y cuándo será el próximo consumo.

La sustancia o el comportamiento adictivo genera el dolor que sólo ella podrá aliviar.

Atrapado

La persona está ahora atrapada por más y más problemas, sintiéndose distanciada de las personas que quiere, viéndose y no reconociéndose a sí misma, despreciándose, incluso, en algunos momentos de lucidez, y presa de un malestar profundo que sólo el comportamiento adictivo alivia temporalmente.

No confía en nadie ni en sí mismo, con lo que se va aislando cada vez más. Su mente está inundada por pensamientos relacionados con su objeto de deseo, se siente incapaz de controlar ese deseo y tampoco puede encontrar otros alicientes que le aparten de todo eso. Su única alternativa, entonces, es continuar con esta relación tan poderosa y destructiva, con la esperanza de que algún día vuelva a reportar la agradable sensación del primer día.

Divorcio

No obstante, es posible conseguir el divorcio, aunque esta relación cree un recuerdo imborrable ya en el cerebro.

Para ello, lo fundamental es darse cuenta de que la relación no funciona y que no hay nada más que hacer. Que se ha perdido el control y que uno se ha alejado tanto de su rumbo que se ha perdido. Aunque se tenga miedo y no se sepa qué camino tomar, pedir ayuda y acercarse a otras personas será el primer paso.

Es fundamental, para el proceso psicoterapéutico, dar información precisa sobre los mecanismos biológicos que explican lo que las personas experimentan y hacen, y no presentar análisis que se centren exclusivamente en las características individuales o la calidad moral de la persona afectada por una adicción. Así evitamos señalar, culpar o estigmatizar a la persona, y, además, tranquiliza pensar que todos compartimos esta misma biología y que, por tanto, no somos tan raros ni indignos. Y que tenemos solución.

No creo que haya nadie que quiera tener una adicción, sí que hubo un día (o varios) en los que se eligió consumir, beber, jugar o comprar, y luego un torrente de dopamina secuestró y cambió el funcionamiento de una parte del cerebro.

Eso sí, eso no exime al interesado de asumir la responsabilidad de su problema y de su tratamiento. Frecuentemente, para explicar esta idea, se compara la adicción con la diabetes. La diabetes, como en la adicción, implica una desregulación de una sustancia interna del cuerpo; en un caso es la insulina y en el otro la dopamina. Si quien padece diabetes controla lo que come y se mide el índice glucémico (pudiendo administrarse o no insulina), puede no tener crisis ni complicaciones, y llevar una vida completamente normal y plena. En el caso de la adicción, la persona afectada también podrá llevar una vida normal y plena si asume su problema y realiza las acciones necesarias para cambiar sus hábitos y su manera de gestionar su mundo interno.

2

TODOS HEMOS SIDO DEPENDIENTES

*"La felicidad no es un éxtasis momentáneo,
sino el resplandor que acompaña al ser"*

ERICH FROMM

La experiencia de ser dependiente es compartida por todos los seres humanos, al ser una especie que nace con el cerebro aún inmaduro. Este cerebro nace sin la capacidad de regular los estados fisiológicos internos de placer o displacer, es decir, la respuesta emocional. Como bien apuntó Winnicot (1960), necesita una madre "suficientemente buena" que sepa atender, interpretar y traducir las expresiones de malestar del bebé, haciendo acciones necesarias para confortarlo (limpiarle, alimentarlo, acunarlo, mirarlo, acariciarlo, hablarle con voz dulce). La madre (o quien haga la función "madre") es, al principio, una estructura cerebral "externa", que asocia las sensaciones del bebé de displacer con acciones que promueven la calma de nuevo. Después de cientos de interacciones madre/bebé, se van creando los circuitos neuronales internos que posibilitan que el niño alcance la autorregulación biológica autónoma (en palabras del neurofisiólogo A. Shore). Es como si grabara dentro de sí la imagen de su madre como una fuente fiable de cuidados, y, posteriormente, incorporará, como una parte más de sí mismo, esa madre interna que lo guiará para saber calmarse y cuidarse.

Siguiendo las investigaciones de Bowlby (1969-1982) y otros autores en relación con la ampliamente conocida teoría del apego, se trataría de un estilo de *apego seguro*.

Éste es un aprendizaje primordial para la vida que le permitirá, en la adultez, saber regular sus emociones, tomar decisiones de forma reflexiva y cooperar en las relaciones interpersonales. Sentirá dentro de sí la seguridad, se sentirá amado, y podrá tolerar altos niveles de estrés cuando tenga que afrontar vicisitudes en la vida.

Cuando ha habido interrupciones, dificultades o fracasos en este proceso madurativo se originarán estilos de apego inseguros, es decir, que la persona no ha podido generar dentro de sí esa calma, esa seguridad de que todo está bien dentro de él, de que es una persona digna de amor y de que el mundo es un lugar confiable. Entonces tenderá a lidiar con esa inquietud organizando un comportamiento ansioso (sufriendo por no perder el apoyo), o bien un comportamiento evitativo (arreglárselas para no necesitar apoyo). O si ha habido un fracaso importante en las primeras vinculaciones, no podrá organizar ningún comportamiento predecible, y exhibirá un comportamiento desorganizado (amor-odio, acercamiento-rechazo).

El sistema nervioso autónomo madura y se organiza primero mediante la relación con otros humanos. Por tanto, la salud del mismo dependerá de cómo han sido estas primeras interacciones. A partir de estas interacciones repetidas, se irá modelando la arquitectura y el funcionamiento cerebral, así como muchos otros parámetros biológicos.

Apego, adversidad en el desarrollo y adicciones

Buscando en la literatura acerca de la relación entre el apego, la adversidad durante el desarrollo y las adicciones, una revisión de Merino-Lorente (2023) encuentra que

> *"La desregulación del sistema de respuesta al estrés traumático temprano contribuye al inicio más temprano del consumo de alcohol, drogas y del abuso de sustancias o conductas dependientes relacionadas con las conductas impulsivas (Zarse et al., 2019).*
>
> *Las experiencias ambientales adversas tempranas desempeñan un papel importante en el bloqueo de las vías de autorregulación (Farroni et al., 2022). Cuando los niños no reciben interacciones constantes y seguras, o cuando experimentan interacciones estresantes que son dolorosas, es decir apego no seguro, puede conducir a un desarrollo deficiente, que lleva al desarrollo de cerebros propensos a la adicción o la dependencia y mentes que buscan formas de escapar de las influencias negativas que la persona encuentra intolerables (Chen, 2019).*
>
> *Los estudios in vivo han demostrado que los animales expuestos al estrés prenatal o temprano en la vida exhiben rasgos de adicción y autoadministración de drogas. En muestras clínicas, hasta el 60% de las personas que buscan tratamiento para el TUS cumplen con los criterios de diagnóstico de trastorno de estrés postraumático TEPT (Simpson et al., 2022)."*

Por tanto, la adversidad durante el desarrollo tiene efectos durante toda la vida sobre cómo las personas responden al estrés, y en su vulnerabilidad a desarrollar un comportamiento adictivo. De hecho, la relación que las personas desarrollan con su objeto de deseo es un claro ejemplo de una relación de apego inseguro.

La regulación como imperativo biológico

El científico Steven Porges, dentro del marco de su Teoría Polivagal, apunta a que la regulación del Sistema Nervioso Autónomo (de ahora en adelante, SNA) es un "imperativo biológico", es decir, es necesario para el bienestar físico y psicológico ya que participa en la mayor parte de funciones vitales.

El SNA es nuestro sistema de vigilancia personal y nuestro servicio de mantenimiento, ocupándose del buen desarrollo de nuestras funciones vitales (de respiración, circulatorias, digestivas, hormonales) y escaneando continuamente la presencia de seguridad o peligro en nuestro entorno.

El SNA está formado por dos ramas principales, la rama simpática y la rama parasimpática. La rama simpática nos prepara para la acción de lucha o huida. La rama parasimpática tiene dos vías neuronales que viajan dentro de un nervio llamado vago. Una de estas vías es la vía vagal ventral, y la otra es la vía vagal dorsal. La primera se activa cuando se percibe seguridad y fomenta respuestas de conexión social y de sentirse seguro, tranquilo y aceptado entre otras personas. Esta rama del nervio vago está conectada con los músculos del oído medio, con los músculos de la cara y los de la fonación. La segunda, en cambio, responde ante señales percibidas de peligro extremo, o bien de pérdida de toda esperanza, y provoca respuestas de colapso, desconexión y parálisis. Esta respuesta se remonta filogenéticamente a nuestros ancestros reptiles, que ralentizan sus funciones biológicas para protegerse. También recuerdan a esas respuestas de "hacerse el muerto" de muchos animales cuando son atrapados por un depredador. Se protegen de sentir un potencial dolor imparable.

Porges habla de la *neurocepción* como el proceso subcortical e inconsciente de escaneo de los estímulos externos e internos en búsqueda de posibles amenazas, que preparan al organismo para la lucha, la huida o la congelación. Posteriormente, otras zonas cerebrales superiores, como la corteza frontal, modulan estas alarmas y deciden la conducta apropiada. Pero la primera reacción es inconsciente e involuntaria.

Esta neurocepción "autónoma" es especialmente sensible con las señales "sociales", como son la mirada, el tono y la modulación de la voz, los gestos… Eso es debido a que los humanos somos mamíferos y, a diferencia de los reptiles, nuestra organización biológica gira en torno a la pertenencia a grupos y a la relación con otros.

El lugar preferido para el organismo es aquel que proporciona el vagal ventral, es decir, estar sereno y conectado con la vida y los otros, creativo y esperanzado. Si aparece alguna amenaza, aparecerá en escena el sistema simpático que nos preparará para la respuesta de lucha o huida, proporcionando energía al cuerpo vía el aumento del bombeo del corazón, incrementando la respiración, o activando la secreción de determinadas hormonas. Si percibimos que la seguridad o la esperanza no son posibles, se activará la rama vagal dorsal, desconectándonos de la situación. A su vez, esta secuencia seguirá el sentido inverso cuando vuelva de vuelta al estado ventral. Para salir de la desconexión tendrá que activarse el sistema simpático de nuevo, que inyectará energía al sistema para volver a estar conectado con el exterior. Podemos pensar en nuestro SNA como una escalera por la que subimos y bajamos contínuamente.

ESCALERA AUTÓNOMA

Vagal ventral
Connexión social

③

Simpático
Movilización. Lucha o huída

②

Vagal dorsal
Inmovilización. Colapso,
pasividad, disociación

①

Y, ¿cómo hace el cuerpo para viajar de un estado al otro, sin la participación del raciocinio?

El nervio vago en su rama ventral se encarga de contener la frecuencia cardíaca dentro de unos parámetros ya que, si no lo hiciera, el corazón latiría muy rápido. A esta acción se le llama el "freno vagal" (Porges, 2009). Este sería el estado base, y cuando aparece una amenaza que hace activar la respuesta simpática, este "freno" se levanta un poco, aumentando la energía en el organismo. Una vez pasa el peligro, el vago vuelve a accionar el freno y el cuerpo vuelve a su equilibrio y uno se siente bien. Este mecanismo aporta flexibilidad a nuestras respuestas de supervivencia, y nos facilita las transiciones entre los diversos estados a lo largo del día.

Dificultades en la regulación emocional

Las personas que entran fácilmente en respuestas de supervivencia y/o les cuesta regularse una vez aparecen, a menudo no tuvieron de niños experiencias que les ayudaran y enseñaran a corregularse, con lo cual el mecanismo del freno vagal no ha podido desarrollarse de forma óptima. A estas personas les puede parecer que los momentos emocionalmente difíciles o angustiosos son un desafío demasiado grande.

Según Beltrán (2021) la memoria de esa crianza quedó grabada en el cuerpo como una impronta, una marca en el organismo, que es el recuerdo de esas experiencias. En concreto, se llamaría una impronta de sostén, ya que queda comprometida la capacidad del cuerpo para sostener la propia disregulación emocional. Además, también alude a la dificultad que hubo en ser acunado, portado y sostenido física y emocionalmente cuando era muy pequeño.

El organismo es capaz de procesar los estímulos que se mantienen dentro del umbral de intensidad que él pueda manejar. Esto corresponde al concepto de "ventana de tolerancia" de Siegel (1999). Según la capacidad propia de regulación emocional, esta ventana será más o menos amplia. Cuanto más reducida sea, menor tolerancia se tendrá a los estímulos dolorosos o angustiantes, y la activación del organismo tenderá a aumentar en exceso, o bien, a reducirse dramáticamente .

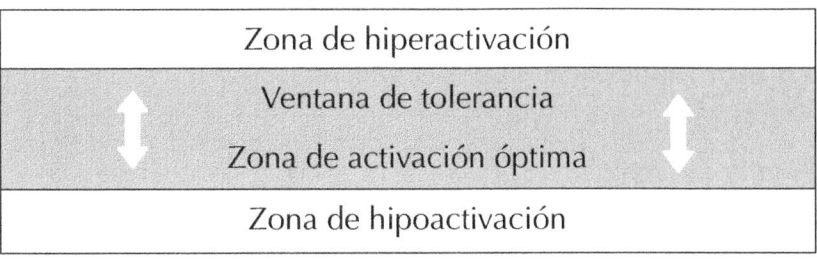

Zonas o niveles de activación. Siegel (1999)

Y aquí es cuando la persona buscará recursos que la ayuden a autorregularse ya que, como hemos dicho, la regulación es algo necesario para el buen funcionamiento de los sistemas del cuerpo. Si no encuentra recursos internos, o bien otras personas que la ayuden a calmarse con compañía, comprensión o escucha, buscará soluciones más fáciles de alcanzar, o más rápidas. Estas soluciones podrían ser las drogas o los comportamientos adictivos, que, si bien son un mal remedio, alivian por unos instantes el malestar de la disregulación.

No obstante, la presencia de la adicción va a dificultar, a su vez, el afrontamiento de los retos que le va a presentar la vida, cronificando sus problemas y evitando el desarrollo de nuevos aprendizajes.

De cara a la intervención, será muy importante tener un buen conocimiento del estado autónomo de la persona que pide ayuda, y ofrecerle a su neurocepción señales de seguridad como el respeto, la ausencia de juicios y el aprecio. Iremos en busca de la activación de su rama ventral con un tono de voz calmado, una prosodia suave y una mirada cálida. Le enseñaremos a poder ir ampliando su ventana de tolerancia, proponiéndole pequeños retos progresivos y adaptados a lo que pueda tolerar. Personalizaremos la intervención a lo que puede ser posible y tolerable para la persona. Así es como la ayudaremos a volver a buscar las soluciones a través de la relación, a salir de su alerta y de su aislamiento, y a motivarla a buscar salidas diferentes a la tóxica.

El yo y las partes

Una experiencia habitual, que todos podemos compartir, es la de oír diálogos dentro de nuestra cabeza, entre diversas voces que expresan diferentes aspectos de nuestra psique. Frecuentemente, estas voces pueden estar en desacuerdo y presentar un conflicto dentro de nosotros. Comúnmente podemos argumentar algo así como "hay una parte de mí que…, y otra que…" El sentido de nuestro "yo" no es uniforme, sino que está compuesto por "partes". Algunos autores los han llamado "estados del yo", como Berne, subpersonalidades (Assagioli), partes o familia interna (Schwartz) o roles internos (Moreno). Representan "mini yoes" con diferentes creencias, sentires, maneras de proceder, e incluso de diferentes edades.

Según Berne (1976) existen tres estados del yo, o "momentos psíquicos" que corresponden a conjuntos de pensamientos, sentimientos y comportamientos coherentes entre sí que se activan juntos en un determinado momento. Aluden a los diferentes contenidos que tiene nuestra psique:

Exteropsique o estado del yo *Padre*: comportamientos, pensamientos y sentimientos copiados o asimilados de las figuras parentales. Incluyen conductas aprendidas, costumbres, hábitos e ideas asimiladas sin análisis por parte de la persona. En relación a los hijos, las figuras parentales suelen actuar controlando o criticando cuando éstos se apartan de la norma, o bien cuidándolos o protegiéndolos. Cuando se actúa desde este estado del yo, se manifiestan conductas similares a las de estas figuras, así como parecidas maneras de ver el mundo y similares maneras de sentir.

Neopsique o estado del yo *Adulto*: comportamientos, pensamientos y sentimientos que son respuestas directas al "aquí y ahora". Comprende el análisis de la información que se posee en un momento dado, y la respuesta tras ese análisis.

Arqueopsique o estado del yo *Niño*: comportamientos, pensamientos y sentimientos reproducidos desde la niñez, y que son vestigios de la infancia que aún perduran. Cuando estamos en nuestro "estado del yo Niño", volvemos a sentir e interpretar la realidad como cuando éramos pequeños, con la forma de actuar pertinente. Los niños pueden actuar de forma libre y despreocupada, o bien estar sujetos a adaptaciones para responder a lo que se espera de ellos.

Aquí podemos encontrar impulsos, ilusiones, pensamientos mágicos, juegos, así como emociones de esa época como rabia, soledad, miedo…

Estado *Padre*: comportamientos, pensamientos y sentimientos copiados de las figuras parentales

Estado *Adulto*: comportamientos, pensamientos y sentimientos del aquí y ahora

Estado *Niño*: comportamientos, pensamientos y sentimientos de la niñez

Estos tres estados o momentos tienen funciones diferentes: el estado *Padre* nos estructura la información para poder entender el mundo y predecir las experiencias; el estado *Adulto* nos permite la resolución de problemas adaptada al momento presente; y el estado *Niño* alberga la experiencia vivida y nos aporta una sensación de continuidad en nuestra vida y en nuestra identidad.

Cuando se activan de forma adecuada y en el momento justo dan un buen servicio y son útiles.

Por ejemplo, imaginemos a alguien a quien acaban de despedir del trabajo. Si adopta el estado *Padre* y se hace suyo el lema familiar de "no te rindas mientras puedas", asimilado de unos padres luchadores, no se rendirá y buscará activamente un nuevo trabajo. El estado *Adulto* hace que podamos desenvolvernos bien resolviendo tareas en el trabajo, y el estado *Niño* libre posibilitará que disfrutemos jugando con los hijos cuando volvamos a casa.

No obstante, la adopción de determinados estados del yo en determinados momentos también puede no ser útil e incluso ser perjudicial.

He observado que muchas de las personas que sufren adicciones poseen una sobrerrepresentación de partes hipercríticas, y un defecto de partes nutricias, tiernas internamente, que sepan proveerse la propia satisfacción de necesidades y tratarse a sí mismas con cariño. Estas personas no acostumbran a identificar cuáles son sus necesidades, o bien las distorsionan con alteradores del ánimo, o pueden depender de otros para satisfacerlas. En términos de Beltrán (2021), existiría un déficit de impulso de vida tierno, ya que aquella energía que destinan los organismos para el cuidado y la autoconservación estaría mermada..

O dicho de otra manera, habría un déficit del estado del yo *Padre* cuidador o nutrício, y se activaría con frecuencia un estado del yo *Padre* en su faceta más crítica. A la vez, también es frecuente la coexistencia de un exceso de estado *Niño* no sano, el cual actúa siguiendo deseos o impulsos inmediatos. Sin la participación de la parte autoprotectora o cuidadora, se quedarían sin reflexionar las posibles consecuencias perjudiciales, para uno, de actuar ese impulso. Así mismo, se desataría una tormenta interna, entre una parte que actúa impulsivamente y otra que después se reprende con severidad.

Otra manera de conceptualizar la multiplicidad del yo es a través del Modelo de los Sistemas de Familia Interna (Schwartz, 1995). Este modelo se ha empleado en las últimas décadas para trabajar con casos de TEPT o Trauma del desarrollo. Según este autor, existirían partes del yo denominadas "partes protectoras", que son estructuras psíquicas que protegen de entrar en contacto con el dolor o el malestar de antiguas heridas exhibiendo una conducta de control o sobreadaptación. El crítico interno, el que anticipa, el controlador, el aislado, el manipulador, el niño bueno… Éstos son ejemplos de subpersonalidades que nos protegen, en principio, de un dolor ya conocido (como que otros nos critiquen, que alguna desgracia suceda, que alguien nos abandone realmente, que alguien abuse de nosotros…).

Aquellas partes de la psique que expresan lo que uno es y lo que necesita, y que fueron dañadas por el rechazo o el abandono, se entierran en los recovecos de la conciencia y se silencian cada vez que éstas claman por ser escuchadas. El niño que estuvo aterrorizado, el que se sintió defectuoso, el que fue abandonado, el que reaccionó iracundo… En palabras de Salvador (2022), estas partes desterradas, que habitan habitualmente en las mazmorras del escenario de la conciencia encierran las experiencias dolorosas, y son las partes de uno mismo que no tienen permiso para ser expresadas (y que las partes protectoras se encargan de silenciar).

Pero puede ocurrir que, aún así, estas "partes desterradas", o las partes emocionales que expresan vulnerabilidad, amenacen con aparecer, y las partes protectoras fallen en su empeño. En ese caso, aún existen las "partes reactivas" o bomberas que se activan en última instancia para evitar una emoción que se anticipa como catastrófica. Una parte bombera sería "el que consume" que, con la alteración del estado anímico que persigue, nos ayuda a negar los problemas y pretender que todo anda bien. Un ejemplo de ello sería emborracharse para no contactar con el dolor y el vacío tras una ruptura sentimental."

Sistemas de Familia Interna (Schwartz, 1995)

TIPO DE PARTE	EJEMPLOS	ROL EN EL SISTEMA
YO NUCLEAR	YO ESENCIAL. ADULTO	COMPASIVO, CREATIVO, CURIOSO
EXILIADA	NIÑO DE 7 AÑOS ASUSTADO	ALBERGA LAS EMOCIONES NO EXPRESADAS Y LOS RECUERDOS TRAUMÁTICOS
PROTECTORA	CRÍTICO INTERNO ERFECCIONISTA	CONTIENE A LA EXILIADA Y SE ENFOCA EN EL DÍA A DÍA
BOMBERA	EL CONSUMIDOR	CUANDO LA PROTECTORA PIERDE EL CONTROL, SUPRIME LA EXILIADA CON MEDIDAS DRÁSTICAS

Destotalizar y comprender

Observar desde este enfoque a la persona que exhibe comportamientos impulsivos y dañinos hacia sí mismo y los otros, como es el caso de los comportamientos adictivos, sirve para "destotalizar" y hacer más pequeño y abordable el problema. En lugar de decir "esta persona es adicta", decimos "esta persona tiene una parte de sí misma que es adicta, y tiene otras partes que no lo son y que quieren recuperarse. Y que la parte adicta lo es por algún motivo de peso, aunque su método sea equivocado."

Se trata de identificar cada miembro de la comunidad interna, hacer equipo con las partes sanas, dialogar con las partes protectoras para que nos dejen acceder a las partes desterradas y darles la compasión y el cariño que no pudieron recibir en su día.

De esta manera, todas las partes de la personalidad (que todas son nuestras y sirven para algo) trabajan integradas y cooperativamente para el desarrollo de la persona.

Todos hemos recorrido el camino desde la dependencia a la independencia, porque todos nacemos inmaduros e incompletos. La historia de cómo ha sido eso, las facilidades y obstáculos que ha habido, las manos que ha habido para sostenernos, las miradas que hemos recibido mientras avanzábamos, los traumas propios y los heredados, han ido construyendo el "chasis" y "los equipamientos de nuestro vehículo" de ir por la vida, que somos nosotros y nuestro cuerpo. Las carreteras de nuestra vida podrán ser autopistas de tres carriles, bien asfaltadas y con un amplio arcén, o también carreteras secundarias con curvas y llenas de baches. Según cómo de bien equipado y robusto sea nuestro vehículo, así podremos ir avanzando con mayor o menor dificultad. Las personas con comportamientos adictivos deben saber con qué clase de vehículo han estado viajando, y poder observar las fortalezas, aceptar las limitaciones, y reconocer las cicatrices que los golpes de la vida les han dibujado para poder desautomatizar los mecanismos obsoletos y actualizarlos.

3

LA SOCIEDAD QUE FABRICA ADICCIONES

"El vicio es un error de cálculo en
la búsqueda de la felicidad"

J<small>EREMY</small> B<small>ENTHAM</small>

Existe, cada vez más, un consenso en afirmar que los trastornos mentales son, en gran medida, influidos por el sistema social en el que están inmersos los individuos.

Por un lado, generan las condiciones para que broten o se intensifiquen los síntomas, siendo estos síntomas la salida natural a estos condicionantes. Por ejemplo, los cánones de belleza actuales y la preponderancia de la imagen como valor social están detrás de la mayoría de trastornos alimentarios. Y, por otro lado, la lectura que hace la sociedad sobre determinados comportamientos viste a algunos como trastornos, y a otros no. Para muestra, veamos cómo, hasta no hace mucho, la homosexualidad ha sido considerada un trastorno mental (con su correspondiente y doloroso tratamiento).

Nuestra organización y estructura social, entonces, ¿crea una sociedad que fabrica adicciones?

Como ya he dicho, siempre se consume por algún motivo. Y esos motivos personales son inseparables de los condicionantes del grupo al que se pertenece. Sin esos condicionantes no existirían tales motivos o, lo que es lo mismo, el consumo sería una forma de adaptarse al sistema social disfuncional.

Vamos a enumerar cuáles son estos elementos sociales que generan los motivos para el consumo, inspirándonos en las ideas apuntadas en Washton y Boundy (1991).

El consumismo y la "religión del arreglo rápido"

Como explica Harari, en su brillante libro *Sapiens*:

> *"La economía capitalista moderna ha de aumentar constantemente la producción si tiene que sobrevivir, de la misma manera que un tiburón ha de nadar continuamente para no ahogarse".*

A lo largo de la historia, la mayoría de la gente vivía en condiciones de escasez, y prevalía la ética de la frugalidad, de la austeridad. Sólo reyes y nobles se permitían los lujos. Pero en la época moderna, no sólo se debía aumentar la producción, sino también los consumidores debían comprar más. Para ello, debía aparecer un nuevo tipo de ética: el consumismo.

El consumismo anima a permitirse placeres, caprichos, democratiza el lujo, nos hace comprar innumerables productos que en realidad no necesitamos, los fabricantes diseñan productos de corta duración, se generan sucesiones de modas que obligan a seguir comprando, y, como dice Harari, "comprar se ha convertido en uno de los pasatiempos preferidos de la gente", siendo los bienes materiales mediadores en las relaciones entre las personas. Lo que hace que la gente obedezca el credo de la religión capitalista ("compra") es la promesa del paraíso: la felicidad.

Por poner un ejemplo, la marca Coca-Cola es pionera en el uso del marketing de la felicidad, como puede observarse en su campaña "Destapa la felicidad", en la que relaciona los mejores momentos de la vida con su refrescante bebida.

Consumir se convierte, entonces, en un acceso directo al bienestar, y en un arreglo rápido para cualquier malestar. Sin embargo, la cuestión de fondo de la mayoría de malestares, que es la aceptación de los límites de uno mismo y de la vida, queda sin resolverse, y se niega.

El culto a la imagen y la exigencia

Si el mantra capitalista nos aleja de la aceptación de nuestros límites, y nos pone en bandeja la posibilidad de optar a todo, de tenerlo todo, de serlo todo, a la vez nos hace creer que la perfección es posible y que debemos poseerla para ser felices. Hemos olvidado que somos valiosos y dignos por el solo hecho de existir, y nos centramos en mostrar una imagen que nos haga sentir merecedores de ser aceptados.

El consumo nos ayuda a ser más sociables, más productivos, más delgados, más divertidos… o, si aún así no llegamos, nos evade de un autoexamen constante.

Esa exigencia por la buena imagen se cuela en los modos de diversión, en nuestras actividades de ocio. El objetivo es ahora acertar con la foto perfecta, más que vivir la experiencia, o conseguir mejorar la marca personal, más que divertirse en sí, ya que lo que se exige es llamar la atención, sobresalir en algo. O tener relaciones sociales para mostrar el catálogo de objetos, lujos y sonrisas que se poseen, en lugar de ser un lugar de camaradería y apoyo mutuo.

El individualismo y la pérdida de la comunidad

Según el filósofo Chul Han, en las últimas décadas se ha dado el tránsito entre la sociedad disciplinaria (donde el estado, y la institución familiar era algo poderoso y sólido) y la sociedad del rendimiento (liberada de la opresión, con libertad para lo que cada uno quiera ser, y con la exigencia de serlo). Ahora la lucha ya no se da entre clases, ideologías o grupos, sino dentro de uno mismo. Cada vez más, las instituciones sociales, las comunidades o las familias nos parecen menos fiables, y sentimos que nos brindan menos respaldo emocional y social.

Una necesidad básica del ser humano, como decía Maslow, es la necesidad de pertenencia. Hay una parte de la identidad que es colectiva, si sólo somos individuos perdemos una parte de nuestra identidad.

El consumo brinda una oportunidad para encontrar una "pseudo comunidad", una excusa para reunirse y sentirse formando parte de un grupo con un objetivo común. Por ejemplo, para muchas personas el bar es el único lugar de relación social y entretenimiento.

No obstante, en estas pseudo comunidades uno está obligado a consumir y, al final, es básicamente el consumo lo único que se comparte. Eso no suele llenar a las personas a largo plazo, porque no tienen la sensación de ser aceptados por su valor intrínseco, y porque las interacciones son estereotipadas; se habla de los mismos temas, se hacen las mismas cosas, no se estimula lograr ningún propósito ni sentido, y ello genera un sentimiento de estancamiento.

El vacío y la búsqueda de significado

Si todos nos sintiéramos seres completos, valiosos por el mero hecho de existir y respirar, no necesitaríamos consumir bienes materiales porque no necesitaríamos llenar ningún vacío, ni necesitaríamos dedicarnos a una máscara o imagen, porque nos sentiríamos aceptados tal y como somos. Aunque nos pueda parecer una afirmación utópica, no deja de ser cierto que el vacío se genera por la ausencia de ese valor, y el consumo (de objetos, de comida, de trabajo, de deporte, de drogas) parece ser un sucedáneo aceptable. En esta sociedad parece que, si no tienes éxitos, no logras superar tus marcas, no vas a la última moda, no te pones objetivos cada vez más altos, no "vas a ir a ningún lado". En realidad, cada vez hay más gente que descubre que esa avidez por los resultados le enferma, les resulta imposible e injusta, y buscan de nuevo limitarse a "simplemente ser".

Vidas ingobernables

Con su interesante concepto de la "modernidad líquida", Bauman (1999) define el actual momento de la historia occidental como el fin de las realidades sólidas como el trabajo o la pareja para toda la vida, y el inicio de un mundo más inseguro, provisional y en constante cambio. Bauman cuenta que "en la sociedad contemporánea, en la que somos más libres que nunca, a la vez nos sentimos también más impotentes que en ningún otro momento de la historia. Todos sentimos la desagradable experiencia de ser incapaces de cambiar nada. Todos sufrimos ahora más que en cualquier otro momento la falta absoluta de agentes, de instituciones colectivas capaces de actuar efectivamente". Ahora tenemos más información que nunca, pero nos sentimos con poca capacidad de control sobre la política, sobre nuestra economía, sobre las desigualdades, sobre el estrés, sobre la paz, sobre el futuro del planeta... Nos falta la fuerza de la colectividad.

El consumo nos anestesia por unos momentos esa inseguridad, nos proporciona una falsa sensación de control y una predictibilidad. "Sé que voy a hacer en las próximas horas, y luego ya se verá". En realidad, lo que ocurre en ese momento no es un aumento del control y la seguridad en la vida, sino más bien soltar las manos del volante.

La falta de tiempo

Las dificultades para gestionar la inseguridad y la incertidumbre, así como la capacidad de tolerar la frustración, son el motivo de gran parte de los males psicológicos del momento, especialmente en la adolescencia.

El sentido del tiempo ha cambiado en los últimos años. Cada vez tenemos menos tiempo para dedicar a la crianza, un tiempo necesario para educar en la autoobservación, en la auto reflexión, en la identificación de las emociones y en la expresión de las necesidades. A la vez, el desarrollo tecnológico acelera nuestra percepción de ese tiempo, generando la necesidad de inmediatez, del resultado rápido.

El consumo nos da una respuesta rápida, es el camino fácil, aparentemente, para lidiar con los malestares en contraposición con el lento, empinado, y muchas veces rocoso, camino de la auto regulación emocional (que no nos han enseñado). El problema es que esa velocidad no es gratis, y sobre todo, que no dura mucho tiempo, teniendo que renovarla constantemente y generando hábitos que nos roban autoestima y libertad.

En los años 90, aparecieron las primeras campañas de prevención del consumo de drogas, que rezaban eslóganes de simplemente "decir no a las drogas". Pero eso era quedarse corto.

En conclusión, el consumo que podrá generar adicciones (no solo a drogas, sino al juego, al móvil, a las compras, a la comida, al trabajo, a las relaciones esporádicas,…), es la consecuencia natural o un intento de adaptación a la soledad, a la exigencia, al vacío, a la falta de modos de diversión, a la incertidumbre, a la frustración.

¿Qué se busca a través del consumo de drogas y de otros comportamientos compulsivos? Se busca un sentido de pertenencia, autoaceptación, un objetivo en nuestra vida, vitalidad o vivacidad, predictibilidad, y una sensación de control y potencia personal.

Tanto las personas que padecen este problema, como las personas que también lo sufren por estar cerca de ellas, y también las personas que las están atendiendo, todas estamos nadando en estas aguas y a todas nos llega su influjo. Si entre todos practicamos la sinceridad de asumir nuestros errores, la tolerancia de la diferencia, la aceptación de nuestros límites, la creatividad, y la comprensión amorosa, asumiendo cada cual su papel y responsabilidad, eso sí será una verdadera y eficaz campaña de prevención.

4

¿Y FUERON FELICES PARA SIEMPRE?

"La felicidad no es hacer lo que uno quiere
sino querer lo que uno hace"

JEAN-PAUL SARTRE

Estando inmersos en el sistema social que he descrito en el capítulo anterior, no es raro que las familias, aún cuando quieran criar a sus hijos de la mejor manera, puedan fallar en la satisfacción de las necesidades de los hijos, en especial las necesidades emocionales de escucha, aceptación y amor incondicional. Las prisas, el estrés, las experiencias traumáticas, la falta de apoyos…, así como una serie de creencias sociales de lo que es válido y aceptable y lo que no, construyen en los hijos una visión del amor como un bien escaso, del cual hay poco disponible de forma gratuita, y que, para ser merecedores de tenerlo, se tienen que cumplir una serie de condicionantes y expectativas.

Steiner denominaba como la "economía de la carícia" a ese régimen impuesto socialmente en el que se controla la libre circulación de reconocimiento (o caricias) como medida de control social.

Las creencias adictivas

Como ya se ha esbozado en el capítulo anterior, existe todo un sistema de creencias adictivas, enraizadas en nuestra sociedad, y que contribuyen a esta noción de la escasez del amor, que incluyen creencias como:

Es posible y, por tanto, debería ser perfecto.

Es posible y, por tanto, debería tenerlo todo.

Si no se es perfecto o no se tiene todo, uno no es suficiente.

Si uno no es suficiente, existen elementos externos a uno que son necesarios.

La imagen que uno proyecta vale más que lo que uno es.

Estas creencias de origen social pueden favorecer trampas vitales de perfeccionismo, de poca tolerancia a la frustración o de aislamiento, que luego se mantendrán y reforzarán durante la vida adulta.

Estas trampas supondrán una base de sustento muy poco segura para el desarrollo psicoemocional posterior de los niños, porque han sido creadas en base a una mentira. No existe tal perfección, ya que tanto las personas como la vida tienen limitaciones.

Las necesidades emocionales

Las emociones son fenómenos psicofisiológicos imprescindibles para la adaptación, ya que nos dan mucha información sobre qué necesitamos y hacia dónde dirigir nuestros pasos para satisfacer estas necesidades. El movimiento emocional surge cuando se altera la homeostasis del organismo, y éste necesita hacer una acción para restablecer el equilibrio. No obstante, en muchas ocasiones, este movimiento emocional genera sensaciones bastante desagradables e incluso dolorosas.

Una mala educación emocional comporta con frecuencia la errónea creencia de que lo deseable es estar bien todo el tiempo y que, por tanto, la vida debería estar libre de cualquier dolor o malestar, como si las emociones fueran meras debilidades o defectos.

Cuando no ha habido espacio para la vivencia de las emociones genuinas, o no ha habido buenos modelos de expresión, no pueden realizarse los aprendizajes necesarios para saber calmar y regular la emoción, y extraer de ella la información que éstas aportan. Por tanto, se busca consumir algo externo para no sentir, como única herramienta disponible de gestión emocional, y perdiendo una oportunidad para el aprendizaje y el crecimiento.

Si de forma repetida no se validan y se canalizan las emociones infantiles, pueden formarse patrones internos *restrictivos* con la propia vivencia emocional, en los que uno se "prohibirá" determinadas emociones y/o expresiones emocionales y, en cambio, favorecerá otras que "parasitarán" el espacio de las primeras. Por ejemplo, sería el caso de alguien que no se permite sentir tristeza, y en cambio está muy en contacto con la rabia o la ansiedad.

Autores como Erickson y Lowen han descrito algunas de las principales necesidades emocionales infantiles, tomando como referencia las sucesivas fases madurativas en el desarrollo.

FASE MADURATIVA	HITO EMOCIONAL
Simbiosis *Pre y perinatal*	En esta fase se consigue el hito emocional de la confianza en la vida, la seguridad básica y el sentido de pertenencia a través del vínculo con la madre. Si ha habido problemas o acontecimientos traumáticos en este momento, puede aparecer la herida emocional del sentimiento de ser rechazado y de no pertenecer.
Dependencia *Primer año de vida*	El bebé depende de los cuidadores para ser atendido en todas sus necesidades (ser alimentado, limpiarse, ser consolado). Aquí se experimentan principalmente dos necesidades emocionales: la primera atañe a la sensación profunda de comodidad, saciedad y de satisfacción vivida en el propio cuerpo. La segunda hace referencia al sentimiento interno de ser querido y digno de amor. Si no se consiguen establecer dentro de sí puede surgir la herida emocional del miedo al abandono y la insatisfacción en las relaciones.
Autonomía *Entre los 18 meses y los 4 años*	El niño empieza a ser más autónomo y tiene ganas de explorar con su cuerpo y con el exterior, alejándose de la madre. Se aprende a andar, a comer solo, a controlar esfínteres… Éste es el momento de satisfacer la necesidad emocional de la autonomía y del poder personal, y la de diferenciación respecto a los padres. Cuando ha habido intromisiones que han impedido esta autonomía, puede surgir la herida emocional de la sumisión, ya sea tendiendo a someterse o bien evitando a toda costa ser sometido.

Independencia	En esta fase se trata de lograr la autoafirmación como un ser individual con deseos propios, y capaz de crear vínculos fuera del entorno familiar. Si ha habido interferencias en este "dejar ser lo que uno es", puede ocurrir que exista la herida emocional del amor condicional, es decir, sentirse querido no por lo que se es, sino por lo que se es capaz de hacer.
De los 4 hasta la adolescencia	

Estas cuestiones emocionales pueden florecer en esos momentos y luego se van repitiendo una y otra vez durante la crianza, sofisticándose, posteriormente, y generando hábitos emocionales inconscientes. Uno ya no se acuerda de porqué se siente a menudo excluido, o abandonado, u obligado... pero esas emociones se han convertido en hábitos automáticos, e influyen de forma importante en su vida. Una forma de comprender mejor esto que estamos contando es mediante el concepto del "guion de vida".

El guion de nuestra vida

En términos del modelo psicoterapéutico del Análisis Transaccional (a partir de la investigación de su creador, Eric Berne), desde pequeños creamos un guion o plan establecido sobre quiénes somos y cómo dirigirnos en nuestra vida, influido por cómo fue nuestra crianza, que se va reforzando por los eventos posteriores y que acaba pasando a un plano no consciente, des del cual sigue operando. Un día decidimos el argumento de nuestra vida (con su introducción, nudo y desenlace), y luego se nos olvidó que lo creamos. Sin ser conscientes, vamos acomodando las experiencias posteriores a ese guion con el fin de reforzarlo e incluso para irlo encaminando a su desenlace. El ser humano necesita estructura, ya que esa solidez nos da seguridad, y nos proporciona una sensación de control.

Se trata de un mapa de lo que cabe esperar en la vida, de lo que se puede pedir y de lo que no, de quién es uno y qué posición ocupa en este mundo, de cómo son los demás y cómo debe relacionarse. Se trata del compendio de su aprendizaje después de millones de transacciones con sus cuidadores. Es una guía que le asegura permanecer en el vínculo y, a la vez, evitar el contacto repetido con la frustración de las necesidades emocionales. Este mapa está configurado por *creencias, atribuciones y órdenes* interiores. Así mismo, también incluye un determinado *fluir emocional,* relacionado muchas veces con esas necesidades emocionales no satisfechas, y un determinado *comportamiento* correspondiente.

Por ejemplo, si en mi guion está escrito que al final siempre me rechazan y me quedo solo y siento la herida del rechazo dentro de mí, generaré, sin ser consciente, situaciones que acaben arrojando ese resultado; en este caso acabar aislado. Es decir, habrán unos *comportamientos* que darán coherencia al conjunto, muchas veces "confirmando" ese mapa.

Así mismo, nuestro guion también se refleja en una determinada *disposición corporal,* con un eje corporal más o menos verticalizado, un estilo respiratorio más o menos profundo, o una tensión muscular más o menos intensa. Estos parámetros posturales actúan en consonancia con la estructura psicológica, haciendo un excelente trabajo en equipo. Se han ido asociando con el tiempo, experiencia a experiencia, son como el camino que se va formando por el paso recurrente. De esta manera, se restringe el abanico de sensaciones que se pueden sentir en una experiencia.

Por ejemplo, tener un eje encorvado ayuda a la persona a ocupar menos espacio si su guion es de inferioridad, una respiración torácica y superficial le proporciona más control sobre sus emociones (si la vulnerabilidad no está permitida), o un menor tono muscular le resta fortaleza y energía y le lleva a depender de otros, asegurándose la vinculación y evitándose riesgos.

"Mejor estar seguro que alegre"

Steiner llamaba a los patrones restrictivos con la vivencia emocional guiones de vida *"sin alegría"*, en los que el desenlace del mismo es una vida sin placer ni alegría por haber suprimido del mapa la vivencia emocional propia (que conlleva eliminar la vivencia emocional desagradable o "prohibida", pero también el placer natural que la vida nos regala). Existe una tristeza de fondo en muchas personas fruto de haber perdido el contacto con su ser auténtico o esencial debido a negarse el propio fluir emocional. Con el tiempo, uno se aleja tanto de su centro que ya no sabe quién es ni qué necesita. Se ha identificado con su "máscara" o su "escudo" de defensa.

Por ejemplo, imaginemos un adolescente más bien tímido en una situación social comprometida, acompañado de la creencia "no seas como eres para ser aceptado" y con un sentimiento de inadecuación y vergüenza. Recordará situaciones donde fue humillado por su hermano mayor, y situaciones en las que se sintió solo en su habitación. Luego, aparecerá un comportamiento de querer transformar su manera de ser con una copa o varias de alcohol, y así ser más divertido y sociable y, de paso, borrar ese sentimiento de vergüenza y soledad que no puede aceptar ni tolerar. Al cabo de un tiempo, ya no se acordará de quién es él sin alcohol, y se sentirá aún más inseguro. Optará por seguir bebiendo porque es la solución que conoce, ya que no se conoce a sí mismo.

O una ejecutiva que recibe muchas presiones de su jefa para obtener mejores resultados. Ella se acuerda de cuando su padre le exigía mejores resultados escolares y la obligaba a quedarse a hacer clases de repaso en verano. Activa su creencia "mereceré mi puesto si me esfuerzo mucho", siente miedo y angustia, y consume cocaína para no sentir eso y poder aguantar jornadas laborales larguísimas. Al cabo de un tiempo, ya no escucha sus necesidades de descanso, y empieza a tener crisis de ansiedad, que la obligan a parar de trabajar. Eso confirma su creencia de no ser suficiente, refuerza sus sentimientos de culpa y fracaso, así como su convencimiento de que necesita la droga para funcionar.

En ambos casos, son historias que se encaminan a un desenlace de fracaso en la consecución de la alegría de vivir, y así será mientras no se tenga conciencia de su existencia y no se haga algo para cambiar su curso. Esta vivencia de defectuosidad y fracaso lleva aparejada una incesante búsqueda de aprobación, que nunca se satisface del todo, y un "mal -estar" interior crónico.

Este malestar supone un gran obstáculo para el desarrollo pleno de la persona, ya que la hace estar excesivamente centrada en sí misma y en su continuo autoexamen. O, en otras ocasiones, la lleva a la negación y a no querer asumir ninguna responsabilidad, situándose en el rol de víctima y culpando al entorno.

También le dificulta el poder tolerar las emociones difíciles provocadas por los reveses de la vida, ya sea buscando la evasión o descontrolando su expresión.

A la vez, la lleva a la autocensura y al engaño por miedo a expresarse tal como es, y al final acaba dudando de quién es con una sensación de falta de confianza en uno mismo y de vacío.

A nivel relacional, favorece relaciones ambivalentes con las personas queridas, que a veces fluctúan entre la dependencia y el aislamiento, entre el amor y el odio.

La teoría del guion de Berne es un excelente marco para comprender, a nivel psicológico, el fenómeno de las recaídas, o por qué hay personas que vuelven a caer una vez tras otra en las redes de los "alteradores del ánimo".

A nivel psicocorporal, entendemos las recaídas como parte de un guion o programa establecido de antemano e incorporado mediante una determinada forma y funcionamiento en el cuerpo. Este programa está funcionando de forma automática, no consciente, y claramente ya no es eficaz ni saludable si está comportando conductas que nos apartan de vivir una vida plena y, además, nos son perjudiciales. Son como un traje que nos hicimos a medida cuando éramos pequeños, pero que, ahora, siendo adultos y teniendo más recursos y posibilidades, se nos ha quedado muy pequeño y nos comprime.

Los "alteradores del ánimo" cumplen funciones psicológicas que se corresponden con esos mapas infantiles que se crearon en su día para anticipar y adaptarse al entorno en el que se creció. Aunque estas soluciones puedan parecer funestas, son valoradas como mejores a lo que se teme que ocurriría si no se implementaran (si sintiera mi vulnerabilidad, si me mostrara tal y como soy, si me hiciera cargo de mi situación, si tuviera éxito,… sería terrible). Al estar basadas en un razonamiento infantil que se ha vuelto inconsciente, uno no se da cuenta del miedo o incluso del terror que aún queda encerrado dentro de sí. En un momento en que el entorno demande de la persona algo que excede a sus recursos o que recuerde a una necesidad emocional no satisfecha, se activará el pack creencia, emoción, y comportamiento asociado; en este caso, un comportamiento que acabará llevando al consumo y al desenlace de vivir sin alegría.

Cabe aclarar que no estamos diciendo que desde niña esa persona anticipe ya que será adicta, pero sí que decide que no se parará a sentir lo que siente y, por tanto, que no será ella misma. Una de las formas de conseguirlo será mediante el consumo.

Redecidir

La buena noticia es que el cerebro dispone de plasticidad neuronal, con lo que es posible "re-decidir", cambiar el rumbo, variar el final de la historia. Las personas pueden deshacerse de guiones tan restrictivos como "la vida sin consumir es aburrida y gris", "si no consumo y la gente ve como soy, nadie me va a querer", "la vida no tiene nada bueno para mí, mejor me anestesio y voy pasando los días". El primer paso es desacelerar, parar, mirar dentro de sí, y darse cuenta del cliché que se está reproduciendo hasta su desenlace.

Se trata de estar dispuesto a revisar las creencias sobre uno (no soy suficiente, tengo que ser fuerte, no soy capaz) sobre los otros (no están ahí para mí, son más importantes, no son de fiar) y sobre la vida (no tiene sentido, nadie me va a querer…), que se acompañan de hábitos emocionales y de comportamientos recurrentes, e incluyen recuerdos asociados que los van confirmando.

El contenido y el proceso

Como señalan Gimeno-Bayon y Rosal (2001), es relevante, asimismo, el estudio del aspecto "procesual" de la vida del sujeto. Estos autores consideran importante observar la vida del acompañado como un proceso, con su estructura y su dinámica, además de los contenidos concretos de lo que acontece.

La manera en la que la persona vive su vida, es decir, cómo avanza por ella, sigue un patrón determinado, y éste se expresa a nivel macro (como consigue realizar su proyecto vital) y a nivel más micro (como satisface sus necesidades y aspiraciones concretas). Es decir, nos interesa conocer no sólo qué caminos está escogiendo la persona, sino también cómo es su estilo de caminar y de construir sus caminos: si suele ir donde se propone, o bien se dispersa a medio camino, si duda a menudo de qué camino coger, o si suele coger los caminos que quieren los otros en lugar del que ella quiere…

Las fases del ciclo del fluir vital

Para ilustrar este aspecto, Gimeno-Bayon y Rosal describen el ciclo del fluir vital como un estilo de transitar por la vida que tiene diferentes fases. Seguidamente, se resumen las 13 fases de las que consta este ciclo:

A partir de un estado de equilibrio del organismo, aparece un estímulo del exterior, o desde el interior, que altera ese equilibrio. Como si el organismo fuera un estanque de aguas calmadas, y una piedra cayera dibujando ondas en la lámina de agua.

Luego, acontece un filtrado de la información sensorial llevando a percibir sólo lo que pasa ese filtro. La tercera y la cuarta fases se refieren a la identificación cognitiva y la afectiva, en la que esa sensación es interpretada y traducida en un significado determinado y en una emoción.

Una vez que la persona dispone de esa información, podrá desplegar una acción en respuesta a la misma. Pero para llegar a ello, realizará un juicio de valor para decidir qué acto se acerca más a lo que es importante para él en ese momento. Esa es la fase valorativa que llevará a una determinada decisión.

Posteriormente, llegarán las llamadas fases productivas: la fase de movilización de recursos, la fase de planificación de la acción y la fase de ejecución de tal acción.

Una vez realizada la acción, tocará recoger sus frutos: en la fase de encuentro, la persona entrará en contacto con la experiencia, y en la fase de consumación, podrá sentir más o menos satisfacción de haber hecho lo que necesitaba y anhelaba hacer.

Por último, el equilibrio homeostático volverá gradualmente durante la fase de relajamiento y culminará en la fase final de relajación, desde donde podrá partir el siguiente ciclo.

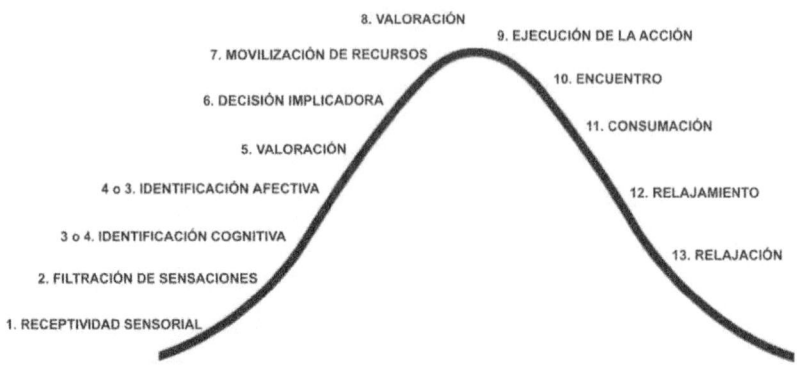

8. VALORACIÓN
9. EJECUCIÓN DE LA ACCIÓN
7. MOVILIZACIÓN DE RECURSOS
10. ENCUENTRO
6. DECISIÓN IMPLICADORA
11. CONSUMACIÓN
5. VALORACIÓN
4 o 3. IDENTIFICACIÓN AFECTIVA
12. RELAJAMIENTO
3 o 4. IDENTIFICACIÓN COGNITIVA
13. RELAJACIÓN
2. FILTRACIÓN DE SENSACIONES
1. RECEPTIVIDAD SENSORIAL

Gráfico de la energía dispuesta para cada una de las fases

Pongamos un ejemplo simple para que se entienda mejor la idea. Supongamos que aparece una serie de estímulos en el organismo que despiertan una incomodidad. El sujeto consigue percibirlos y entran en su conciencia. Los interpreta como hambre y se despierta el deseo de comer algo. Para él es importante cuidar su cuerpo y tratarlo de forma saludable, y decide que debe comer algo nutritivo, ya que la salud es importante para él. En lugar de unos donuts, decide hacerse una tortilla. Moviliza su energía para preparar lo que necesitará, repasa los pasos a seguir y cocina su tortilla. Disfruta de la ingesta y se siente saciado. Era lo que necesitaba. Posteriormente, su cuerpo ya no expresa ninguna incomodidad y la persona vuelve a sus quehaceres.

Lo que nos puede suponer algo muy sencillo y natural, puede verse entorpecido por interrupciones, dispersiones o distorsiones de la energía dispuesta para cada una de las fases.

Ese sujeto podría no haberse dado cuenta de que tenía hambre, porque estaba muy ocupado trabajando. O podría haber interpretado las mariposas en el estómago como nervios, en lugar de hambre… O podría haberse bloqueado a la hora de decidir si era mejor un donut o una tortilla… O podría no haber encontrado la energía suficiente para llevar a cabo el acto, apareciendo la pereza o la autocensura. Y podría no haberse quedado satisfecho, comiendo más y más al no percibir saciedad.

En relación a los procesos adictivos, es frecuente observar algunos problemas en el ciclo que podrán verse en el conjunto de su línea de vida, y, a la vez, en su proceso terapéutico e incluso durante la sesión de terapia.

Enumeremos los problemas principales que, según mi experiencia, suelen presentar las personas con conductas adictivas. Para una comprensión más completa de este modelo psicoterapéutico recomendamos la lectura del manual de Gimeno-Bayon y Rosal (2001):

FASES SENSORIALES:

Es habitual que existan problemas a la hora de percibir la información de los sentidos, en congruencia con lo expuesto anteriormente en relación al guion "sin alegría".

Bloqueo interno por falta de contacto con el mundo sensorial:

La persona vive despegada de sus sensaciones, no las tiene en cuenta, le cuesta saber qué siente o qué necesita.

Bloqueo por falta de atención a elementos que aportan información relevante:

La percepción del sujeto presenta un "punto ciego" en el que se deja de percibir algo importante que debería tener en cuenta, como por ejemplo, indicios de riesgo para la salud debidos al consumo.

Distorsión por filtración al servicio del marco de referencia:

La persona sí que percibe la información, pero de forma distorsionada (percibiendo "de más o de menos"), de modo que se confirman sus expectativas en muchas ocasiones al servicio de la negación.

FASE DE IDENTIFICACIÓN COGNITIVA:

Existe una tendencia común a la distorsión en cuanto a la identificación e interpretación de los estímulos:

Distorsión por proyección de temores o deseos:

La interpretación cognitiva de lo percibido se tiñe según el color de la carga afectiva. Por ejemplo, si uno siente miedo e inseguridad, interpretará como fracaso cualquier traspiés en el camino. O bien, el deseo de experimentar sensaciones placenteras provocará que la situación de consumo sea interpretada como más positiva de lo que realmente es.

FASE DE IDENTIFICACIÓN AFECTIVA:

Aprendizaje distorsionado de la vivencia emocional:

Como hemos dicho anteriormente, no se ha aprendido a descifrar bien la información emocional y uno es "miope" respecto a ella, o no sabe qué hacer con ella. Pueden vivirse las emociones como algo inútil o nocivo que se debe inhibir.

FASE VALORATIVA:

El razonamiento moral suele estar muy distorsionado por la contaminación causada por la adicción.

Distorsión por reduccionismo valorativo:

A la hora decidir qué acción se va a emprender, se escogen acciones cuyo valor reside en alejar el dolor o obtener placer consumiendo más y más, aunque con ello se descuente la importancia de otros valores personales como la sinceridad, la lealtad, el respeto, la responsabilidad…

FASES PRODUCTIVAS:

Como han existido problemas en las fases anteriores, el paso a la acción constructiva está ya muy alterado. Existen dificultades en dirigir la acción hacia objetivos de valor real para la persona

Dispersión por falta de limitación de deseos:

Es habitual observar una dificultad de fondo en la habilidad de autolimitarse, y, por contra, existe una tendencia a no ponerse límites en cuanto a los deseos. "Si deseo algo, *tengo* que obtenerlo", siendo prácticamente una "obligación". Puede existir un mandato interno de "no sufrir", que dispersa la energía y desvía la atención del objetivo hacia la consecución de lo deseado en ese momento.

Bloqueo por mensajes internos desenergetizadores:

La persona, aún teniendo claro su objetivo y su decisión, frena su energía o boicotea su consecución mediante mensajes internos que ponen en duda esa decisión o su capacidad para hacer la acción ("Para qué intentarlo, no vale la pena"). De esta manera, refuerza sus sentimientos de frustración e incapacidad.

Distorsión por descuento de opciones:

El sujeto no tiene en cuenta todas las opciones que le pueden ayudar a conseguir su objetivo, descartando algunas que serían más costosas, pero más exitosas a largo plazo. Por ejemplo, escoge recurrir al comportamiento adictivo en lugar de hablar asertivamente con alguien que le ha hecho daño.

FASES DE ENCUENTRO Y CONSUMACIÓN:

Es frecuente que la persona evite el contacto profundo con las experiencias, y, por tanto, no puede sentir la verdadera satisfacción de sus necesidades.

Distorsión por juegos psicológicos:

La persona practica con frecuencia situaciones sociales estereotipadas, en las que asume un supuesto rol y que acaban con malestar para todos los participantes. Por ejemplo, se puede caer en un rol de victimismo culpando al entorno de su situación. O bien, todo lo contrario, culpándose de todo y ejerciendo como "el malo de la película". Eso provoca una distorsión de cómo la persona se ve a sí misma y cómo ve los resultados de sus acciones, no pudiendo responsabilizarse si fracasa, ni recompensarse cuando tiene éxito.

Bloqueo por falsas expectativas:

La satisfacción se ve empañada por la presencia de una serie de expectativas con las que se compara la realidad experimentada. La persona esperaba que ocurriera un determinado suceso (que suele tener que ver con un determinado ideal no muy realista) y siente frustración porque la realidad no se ajusta a ese ideal. Por ejemplo, suele ocurrir que alguien puede pensar que dejando el comportamiento adictivo se arreglarán automáticamente sus malestares, y descubre que eso no es así a corto plazo. Por ello, no se siente satisfecho y minusvalora su proceso y todo su esfuerzo.

FASES DE RELAJACIÓN:

La conducta adictiva no permite cerrar el ciclo y, por tanto, condena a repetirlo una y otra vez.

Bloqueo por aferramiento:

En muchas ocasiones ocurre que la persona se resiste a abandonar relaciones o comportamientos que interfieren en su proceso, incluso cuando ya no tienen ninguna función psicológica ni razón de ser. Sólo por el miedo a dejar algo familiar y conocido.

Fuga:

Huida hacia delante para evitar la toma de conciencia del desenlace doloroso de una situación. Por ejemplo, en una persona con adicción al juego, volver a jugar después de una gran pérdida económica pensando que así se recuperará el dinero. O mentir a la pareja sobre una reciente recaída, entrando en una espiral de mentiras y engaño.

Distorsión por relajación angustiante:

La tranquilidad de no tener nada que hacer es vivida de forma angustiante, con sensación de vacío, sin sentido o incluso de muerte. Se distorsiona la tranquilidad y eso impulsa al sujeto a buscar estimulación nueva (por ejemplo, en forma de recaída).

En resumen, para que germine la mirada comprensiva y compasiva, necesaria para acompañar a las personas con comportamientos adictivos, es básico entender que esta conducta cumple una función psicológica, la cual es característica y única de cada cual.

Hasta este punto de la lectura, se han esbozado algunas pistas sobre la complejidad de esta función. El ser humano, como el resto de los seres vivos, está programado biológicamente para la supervivencia y la adaptación a la vida y, por más destructivos que sean sus comportamientos, la función de los mismos será siempre estar mejor.

Hay una parte de nosotros más allá de los roles, de las máscaras y de nuestros *yoes* sociales que es nuestro yo esencial, lo que éramos antes de entrar en contacto con otro ser humano, nuestra parte más genuina y pura. Desde esta parte de nosotros tomamos perspectiva, observamos con curiosidad y compasión las otras partes de nuestra personalidad, somos comprensivos y ecuánimes con ellas, y aceptamos que lo que hay es lo mejor que en su día pudo ser. Ese yo esencial, que nos conecta con la vitalidad y la expansión, debe ser el director de la función ya que, como dice Salvador "es el agente de la curación psicológica".

PARTE 2

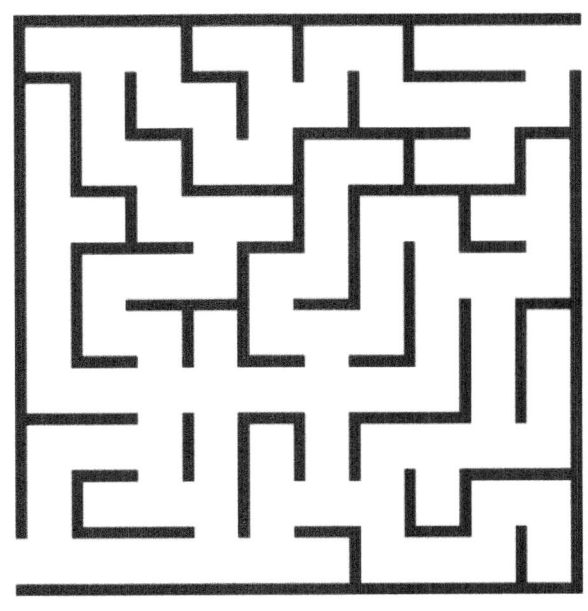

5

ACTITUDES Y HABILIDADES PARA UN BUEN ACOMPAÑAMIENTO DE LAS PERSONAS CON CONDUCTAS ADICTIVAS

"Ser empático es ver el mundo a través de los ojos del otro y no ver nuestro mundo reflejado en sus ojos"

CARL ROGERS

Esta segunda parte pretende dotar al lector de recursos y herramientas para el acompañamiento de personas con conductas adictivas.

Cabe decir que los estudios realizados sobre la materia indican que el factor terapéutico más potente y común a todas las psicoterapias es la relación terapéutica. El vínculo que se establece entre el que acompaña y la persona que pide ayuda es lo que incrementa el porcentaje de éxito de una intervención.

Por ello, en este capítulo hablaremos no tanto sobre el qué, sino más bien sobre cómo abordar el acompañamiento de personas con conductas adictivas. Esta información será útil tanto para profesionales de la relación de ayuda, como para familiares y amigos (a los que dedicaré un apartado especial). Hablaré, de ahora en adelante, de acompañante y acompañado (no me gusta ni la palabra paciente ni la palabra cliente, y mucho menos "el adicto").

Si el lector es la misma persona afectada por la adicción, también le servirá para relacionarse de mejor forma consigo mismo.

Como vimos en la primera parte, los circuitos motivacionales del cerebro quedan afectados por la droga o comportamiento generador de adicción. La adicción puede considerarse, entonces, una alteración del proceso motivacional.

La ambivalencia es un fenómeno psicológico que se engloba dentro de los procesos *motivacionales*, y consiste en tener diferentes o incluso opuestos valores o motivaciones dentro de uno mismo. Esta experiencia no es exclusiva de las adicciones, porque la podemos reconocer como algo común en la experiencia humana.

No obstante, en mi práctica profesional he podido observar cuán frustrante y dolorosa es la experiencia de no controlar una parte de la propia voluntad, de pensar una cosa y hacer otra, o como dicen muchas personas, "que mi cabeza vaya para un lado y mi cuerpo para otro".

Esta ambivalencia no es entendida ni por la persona que la sufre ni por las personas que la rodean, y genera mucho malestar psicológico.

Por todo ello, es fundamental ofrecer un acompañamiento en el que se comprendan, se respeten y se trabaje con las motivaciones variables de la persona afectada.

La rueda del cambio

Existe un planteamiento teórico que es preciso conocer para trabajar en el ámbito de las conductas adictivas, que es el "modelo transteórico del cambio" de Prochaska y Diclemente. Dicho modelo explica las fases que una persona necesita superar en el proceso de cambio de un hábito de conducta problemático por otro más saludable o adecuado. Hablamos de un proceso que no es lineal, sino circular, siendo nombrado coloquialmente como la "rueda del cambio".

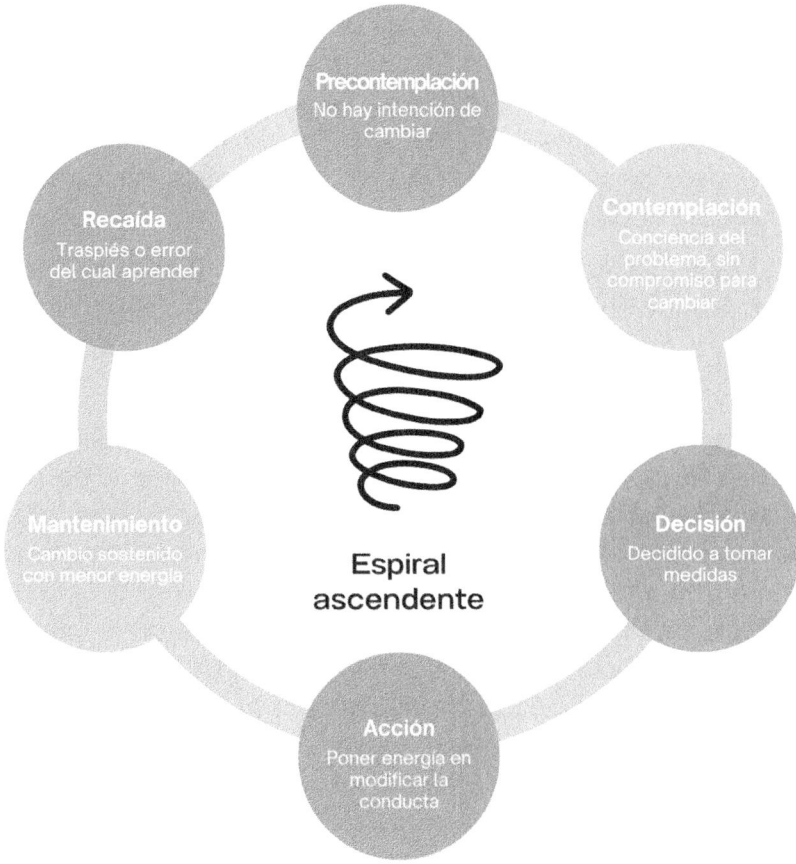

Adaptado de Luis Salar

Tenemos un determinado hábito de comportamiento que es considerado por alguien como agradable, deseable e inocuo, y decimos que esta persona está en la fase *"pre-contemplativa"*, es decir, no contempla que esa conducta pueda revestir ningún inconveniente para ella. Llega un día en que empiezan a florecer en la conciencia indicios que le hacen pensar que aquello que está haciendo puede tener consecuencias negativas o no deseadas, entrando en la fase nombrada como *"contemplativa"*. No obstante, aún está lejos de producirse el cambio, y el hábito sigue perdurando, aunque uno es consciente que no es bueno para sí mismo. Aquí es donde podrán aparecer los sentimientos de ambivalencia. Podrá empezar a buscar ayuda y a hacer los primeros ensayos de nuevas acciones en la fase de *"preparación para la acción"*, pero no será hasta la fase *"de decisión"* que la persona no dejará el comportamiento antiguo de manera más firme.

Más allá, no obstante, aún no se habrá acabado el proceso, porque entonces se entra en la fase de *"acción"*, es decir, aquel momento en el que uno pone toda su energía en deshacer el hábito y crear una nueva alternativa.

Ilustraremos esta explicación con la siguiente analogía: un hábito es como un tren de alta velocidad que viaja por las redes neuronales y ha conseguido alcanzar su velocidad máxima. Cambiar un hábito es como cambiar la dirección de ese tren a mitad de su trayecto, como si un tren que va de Barcelona a Madrid tuviera que volver a la estación de origen cuando ya va por Zaragoza. ¿Qué necesitaría ese tren para virar su dirección? Se tendría que aplicar mucha energía para desacelerar y frenar el convoy, luego cambiar los mecanismos del tren y de la vía, el maquinista debería llegar al otro extremo del tren… Es decir, que para cambiar un hábito se requiere mucha energía, y, sobre todo, cuando estamos hablando de un hábito tan arraigado en la biología como una adicción. Es posible que en algún momento del proceso fallen las fuerzas y esa rueda del cambio recule y se vuelva atrás. No obstante, nunca se volverá al estado precontemplativo porque uno ya sabe, y cuando uno ya sabe no puede volver a un estado de desconocimiento.

Una vez el tren del nuevo hábito ya está circulando a velocidad de crucero por nuestras redes cerebrales, será cuando empiece la fase de *"mantenimiento"*, en la que ya no hace falta aplicar tanta energía y se trata, más bien, de prevenir las recaídas. Las *recaídas* no deben ser vistas como fracasos absolutos, sino como pequeños traspiés, o errores de estrategia, dentro del conjunto general, y nos ofrecen un aprendizaje y un recordatorio a tener en cuenta. Aunque parezca que se vuelve al mismo punto de inicio, a la casilla de salida, no es así. Cada vuelta por la rueda dibuja una espiral ascendente, ya que el aprendizaje atesorado nos impulsa hacia la resolución.

Como acompañantes de personas que están inmersas en este dificultoso viaje, es importante identificar en qué fase se encuentra la persona, e intervenir de forma específica según en qué momento se encuentre. Si nos adelantamos o bien vamos muy por detrás, no vamos a poder viajar juntos, y la intervención no funcionará.

Fase precontemplativa	Propiciar la reflexión estando abiertos a escuchar sus significados y sus motivos y, a la vez, poner encima de la mesa los "contras" del hábito dañino. Evitar la culpabilización y las etiquetas.
Fase contemplativa	Reflejar su propia ambivalencia. Ayudar a generar discurso de cambio y a fortalecer la autoeficacia percibida.
Fase de preparación y decisión	Ayudar a trazar un plan de acción con los pasos a seguir, con las herramientas que necesitará, o ayudas con las que puede contar.

Fase de acción	Brindar apoyo en la ejecución del plan, favorecer su compromiso, reforzar sus logros, prevenir las recaídas.
Recaída	Analizar los errores de los cuales aprender, tender puentes, renovar el compromiso. Evitar reproches o acusaciones.

Antes de seguir, nos pararemos a pensar sobre qué es la motivación. ¿Qué quiere decir que alguien está motivado? Y ¿cómo sabemos que alguien lo está?

Estar motivado para hacer algo no significa necesariamente estar haciendo esa cosa. Más bien la motivación es una probabilidad. Cuando alguien está motivado está más cerca y es más probable que acabe haciendo una determinada acción. Invito aquí a que cada uno piense en las veces que ha querido hacer algo y le ha costado ponerse en marcha (iniciar un deporte, hacer una dieta, completar un trámite pendiente,...).

Esta idea es importante para entender que, aunque el acompañado verbalice que quiere cambiar, no significa que ya lo vaya a hacer, sino que está expresando una *intención* que aumentará la probabilidad de que el cambio pueda producirse.

Es decir, alguien puede estar motivado para un cambio, e incluso haber empezado a prepararse para ello y a ensayar nuevas opciones, y nos puede parecer, desde nuestra óptica de acompañantes, que no lo está y que, incluso, está expresando una resistencia. La resistencia no deja de ser la distancia entre lo que para el acompañante considera cambio, y lo que lo es para el acompañado.

Por ello, debemos estar muy atentos a esos primeros y delicados brotes, para favorecer que crezcan y se desarrollen, en lugar de pisarlos con un exceso de premura.

Actitudes y habilidades básicas del acompañante

Enumeraré, a continuación, una serie de actitudes y habilidades necesarias para acompañar el florecimiento del cambio en un proceso adictivo que se inspira en las aportaciones de Miller y Rollnick (1991):

- *Empatía*: interesarnos por el mundo de significados de nuestro acompañado (qué piensa, qué siente, qué valores tiene), y asegurarnos que percibe nuestro interés. Debemos trabajar con su contenido psíquico, ya que será desde dentro de su subjetividad (no de la nuestra) de donde saldrá el impulso para cambiar. No se trata de verter agua en su cubo, sino sacar el agua de su pozo.

- *Responsabilidad:* siendo empáticos transmitimos, a la vez, respeto por la totalidad de la persona que acompañamos. Eso fomenta el vínculo (base primordial para el trabajo) así como le devuelve la responsabilidad, ya que evita infantilizar y sobreproteger.

- *Confianza*: Sentirse capaz de hacer algo es el ingrediente indispensable para conseguir hacer algo. Hay una diferencia entre ser un acompañante "abeja" y ser un acompañante "mosca". La mosca prefiere ir a la "basura", a lo que no funciona, para intentar arreglarlo. La abeja va a buscar lo mejor de la flor (su polen) para crear algo aún mejor. Seamos acompañantes "abeja", busquemos esos incipientes brotes y hagámoslos crecer poniendo ahí nuestra atención.

Como explicamos en el segundo capítulo del libro, los seres humanos somos mamíferos, y cuando estamos regulados emocionalmente es cuando somos creativos y podemos crecer y evolucionar. A la vez, somos capaces de regularnos cuando entramos en sintonía con otro ser humano, desde nuestro sistema nervioso vagal ventral. Como terapeutas y acompañantes, podemos hacer una llamada a la corregulación ofreciendo un espacio seguro, libre de prejuicios, amenazas y lleno de mirada y presencia auténtica. Así estaremos creando un terreno abonado para que la persona que padece una adicción pueda soltar sus cadenas y abrazar una nueva posibilidad.

En palabras de Salvador, el terapeuta crea en el espacio terapéutico una *"burbuja curativa"*, en la que el paciente ya no tiene que estar en alerta, puede experimentar de otro humano la comprensión compasiva, y así él puede encaminar sus energías a poner orden a sus partes descontroladas y en conflicto, e ir a su curación.

Un caso especial, la familia

Todo lo expuesto en el apartado anterior es más difícil cuando nos unen lazos afectivos con el afectado por una adicción. Cuando una persona desarrolla un hábito adictivo, esa adicción repercute de forma importante en las personas que tiene a su alrededor: madres, padres, hermanos, hijos, parejas, amigos,… Si el problema ha sido persistente, es posible que se hayan ido acumulando sentimientos negativos como miedo, rabia, tristeza, vergüenza,… Gradualmente, habrán ido desviando su atención de sus propias vidas para enfocarla en el problema (intentando averiguar si se está produciendo, reaccionando a los cambios de humor, preocupándose, manejando las crisis económicas y legales,…).

Frecuentemente, puede aparecer el sentimiento de culpa por no haber estado suficientemente atento para evitar que se produjera, o incluso por haberlo provocado de alguna manera. En algunos casos, ese sentimiento puede ser tan intenso que puede originar una "obsesión" o responsabilidad extrema del familiar sobre la persona con adicción.

Otras veces, los familiares, al igual que la persona afectada, pueden caer en la negación del problema, y esa negación (inconscientemente) lleva aparejadas una serie de conductas que, a su vez, pueden ayudar al mantenimiento de la conducta adictiva. Estas conductas pueden ser:

– Proteger y rescatar de las consecuencias negativas:

Al no entrar en contacto con los "contras", se vuelve menos probable el movimiento motivacional de cambio.

– Rechazar:

No considerar la adicción como un problema, sino como una elección personal y rechazar, no sólo la adicción, sino a la persona en su totalidad. Con ello aumentan los conflictos y el malestar, y la conducta adictiva tiene la excusa perfecta.

– Quedarse atrapado:

Pensar que las cosas son así y no cambiarán, adaptándose al comportamiento adictivo. Se aumenta la tolerancia a determinadas conductas, "normalizándolas" y acomodando la vida para que quepa el problema.

Aunque la persona que padece un hábito adictivo ya esté en recuperación, toda esta tormenta emocional en los familiares puede no estar aún resuelta, y puede permanecer la desconfianza, el enfado, el miedo o el agotamiento. Debe considerarse como algo normal y esperable, y ser tratado de forma compasiva. Es tan difícil observar como un ser querido se provoca tal daño a sí mismo, así como su personalidad se transforma volviéndose irritable, egoísta y mentiroso…

A la vez, conforme avance la recuperación, estos sentimientos deberían ir disminuyendo. Debemos permitirnos y permitir pasar página.

Seguidamente se apuntarán algunas recomendaciones especiales para familiares, parejas y amigos de personas que tienen una adicción:

- Conservar energía, así como recursos personales y materiales. Huir de la urgencia y de la prisa, no esperar una cura milagrosa. Se trata de una carrera de fondo con muchos altibajos.

- Evitar autoinculparse o responsabilizarse en exceso. Ni el familiar causó el problema, ni tampoco lo puede curar.

- Identificar la fase motivacional y actuar según corresponda. Aunque la situación genere mucha angustia, ir demasiado por delante, tirando de la persona, ocasionará mucho desgaste y dificultará que ésta se haga responsable de su problema. Aplicar toda la energía cuando exista la petición de ayuda.

- No estar esperando que ocurra una recaída, pero sí estar preparado por si ocurriera.

- Marcar unas fronteras básicas, o líneas rojas, para proteger la propia forma de vivir, y no dejarse llevar por el caos que puede implicar la conducta adictiva (dinero, horarios, hábitos,...).

- No olvidar la propia vida, mantener actividades de interés y atender a otras relaciones (otros familiares, amistades,...) Evitar el aislamiento.

Dónde pedir ayuda

Existen, en la red pública de salud, lugares especializados para el tratamiento de los hábitos adictivos. Por un lado, existen los centros ambulatorios de atención a las adicciones, que son el bastión o la primera puerta a la que acudir. En estos centros se trabaja de forma multidisciplinar, trabajando tanto psicólogos, como médicos/ psiquiatras, trabajadores sociales, educadores sociales y enfermeros. Existen centros de este tipo en todas las grandes ciudades y pueblos, sólo basta con hacer una búsqueda en Internet el centro más próximo al domicilio, o consultar en los centros de Atención Primaria. Se atiende mediante visitas ambulatorias y desde allí se puede derivar a recursos de tratamiento más intensivo. Estos tratamientos más intensivos pueden incluir los ingresos hospitalarios para la desintoxicación, los centros de día, o los ingresos en centros o comunidades terapéuticas. Estos últimos trabajan más a fondo con la deshabituación, ya que duran mucho más tiempo, e incluyen el trabajo de nuevos hábitos y un trabajo psicoterapéutico más profundo.

Aunque hoy en día ya está más que claro que la adicción es un trastorno y no una elección personal, aún existe controversia en el ámbito sanitario en cuanto a si considerar al "paciente" apto o no para decidir su tratamiento. Eso se valorará según la edad, condición médica o gravedad, aunque, en la mayoría de los casos, se requerirá que las intervenciones o ingresos sean voluntarios y aceptados.

6

ABORDAJE PSICOTERAPÉUTICO

"Más vale un gramo de contacto,
que una tonelada de energía"

D. BOADELLA

En cualquier intervención psicoterapéutica, la demanda será la que determine el objetivo y el grado de profundidad de la intervención. Podemos encontrarnos con demandas de "primer nivel", es decir; que están relacionadas únicamente con la desaparición de los síntomas, y demandas de nivel superior, en las que se añade el cambio en la estructura psíquica. Este cambio en la estructura psíquica llevará consigo cambios en la manera de pensar e interpretar, en la manera de relacionarse, en la manera de sentir, en las elecciones y en los comportamientos.

Como terapeutas, aunque tengamos la mirada puesta en esta propuesta de nivel superior, tendremos que adaptarnos a los objetivos de nuestro acompañado y hasta dónde él quiera llegar.

El estigma y el "autoestigma"

Como hemos apuntado en el capítulo anterior, es fundamental el establecimiento de una relación terapéutica basada en el vínculo y la confianza. Eso creará la base segura a partir de la cual el acompañado podrá apartar sus protecciones y atreverse a enseñar y airear su vulnerabilidad. Para ello, aparte de ofrecer un acompañamiento rico en empatía, respeto y presencia, será interesante trabajar también con el "estigma" alrededor de las adicciones que, desgraciadamente, aún nos atraviesa y se queda dentro de nosotros. Muchas veces existe una carga de estigma dentro del mismo acompañado que le impide pedir ayuda, confiar, lo llena de culpa, de autorrechazo y lo vacía de recursos.

Una buena forma de deshacer esta creencia cultural de la adicción como rasgo personal de debilidad o de maldad es ofrecer una buena explicación sobre los mecanismos biológicos, sociales y psicoemocionales que explican las adicciones. Esta información la encontrará el lector en la primera parte del libro.

Además, hay otro trabajo interesante a realizar que es el de la "destotalización". Como nuestra psique está formada por partes o "subpersonalidades", podemos acotar la parte adicta como una parte dentro de un conjunto de otras que están sanas y quieren salir de la adicción. Es importante huir de las etiquetas, si con esa etiqueta señalamos a la persona en su globalidad. Es mejor hablar de "qué problema estás teniendo con tal sustancia o comportamiento", en lugar de decir "tú eres un adicto" o "la droga es mala".

Todo esto se traducirá en que, cuando estemos acompañando, trataremos al acompañado como a un aliado con el que trabajaremos conjuntamente para sanar la parte adicta, evitando así la culpabilización y el etiquetamiento.

Esta acción será útil para dos propósitos muy importantes.

Uno de ellos irá encaminado a favorecer que la persona reconozca sus partes problemáticas y abandone la "negación".

El otro será infundir esperanza y sensación de poder personal o "autoeficacia", ingredientes esenciales para activar la maquinaria del cambio. La persona tiene que darse cuenta de que ella no es su adicción, que la adicción es algo que tiene y que puede observar desde otra parte de sí. Además, tiene que sentir que ella puede con esa parte que consume, porque es más grande y más poderosa que ésta. Sólo así podrá atravesar la tormenta de la abstinencia física y psicológica.

Discurso de cambio

Llamamos *discurso de cambio* a todo aquello que el acompañado dice en referencia a lo que quiere cambiar o hacer diferente. Se ha demostrado que cuanto más discurso de cambio existe, más probable es que la persona lleve a cabo ese cambio. Sabemos que las palabras son transformadoras, y si uno se imagina a sí mismo diferente, se visualiza haciendo otras cosas y, además, lo proclama en voz alta y delante de otras personas, eso que era imaginado se hará real en forma de palabras, y tomará su lugar en el mundo.

Para contribuir al discurso de cambio de nuestro acompañado, podemos servirnos de trabajos que utilizan la línea del tiempo. En ellos, se pide al sujeto que se visualice en un punto del futuro habiendo conseguido los cambios que desea, o imaginándose que es la mejor versión de sí mismo. Debe prestar atención a cómo se ve a sí mismo, cómo se siente, cómo es su entorno y cómo están las diferentes áreas de su vida en ese momento. Luego, se le puede pedir que realice un diálogo entre su yo actual y su yo futuro, en el que este último le explique cómo ha sido su recorrido para conseguir sus logros.

Apagar el fuego

Imaginemos que hemos hecho una fogata en el bosque y que, después de habernos calentado y disfrutado del fuego, quisiéramos apagarlo. ¿Qué sería lo primero que deberíamos hacer? Obviamente, ¡lo primero sería no echar más troncos! Luego, aún quemaría un tiempo hasta que la madera se consumiera del todo. Aún así, aún quedarían las brasas calientes, hasta que no se apagara totalmente. Y tendríamos que estar atentos a que estuviera totalmente apagado para evitar incendios.

Esto es lo que ocurre en nuestro cerebro con una adicción. Los troncos son las sustancias o comportamientos adictivos, y el fuego es el deseo o ansia por consumir. En esta primera fase de "acción", es importante evitar el consumo para así disminuir el ansia, la cual, en ocasiones, es francamente desagradable, obsesiva y arrolladora. Aún así, aunque no haya consumo, el deseo puede permanecer, pero gradualmente irá disminuyendo.

Si consideramos la parte adicta como esa parte "bombera" dentro de nosotros, que quiere tapar de forma descontrolada y exagerada el dolor emocional, será necesario protegerla y contenerla, al principio, para lograr encauzarla. Para ello es bueno que se investiguen los estímulos (personas, lugares, situaciones, estados emocionales, pensamientos, momentos del día,...) que activan el deseo por el hábito automático del consumo, y poderse poner límites respecto a ellos.

Por ejemplo, si el consumo está muy vinculado a un determinado grupo de personas, o a una determinada actividad, estar un tiempo "fuera de circulación" será la clave para evitar nuevos consumos y no avivar el fuego. Sería como un barco que necesita entrar en dique seco para reparar sus grietas y volver a navegar.

Los hábitos son una sucesión de eventos encadenados entre sí, cuando aparece uno surge automáticamente el deseo por el otro. Si el consumo está asociado a una determinada actividad o momento del día (los fines de semana, al atardecer,…), hacer cambios en las actividades relacionadas también ayudará a sostener mejor la abstinencia (por ejemplo, hacer nuevos planes para el fin de semana, o ir al gimnasio en lugar de quedarse en casa,…)

Los hábitos son aprendizajes que quedan automatizados y que, por tanto, ya no pasan por un proceso decisional. Así, también será interesante ponerse difícil el acceso a la sustancia o conducta adictiva, haciendo más difícil poder conseguirla (por ejemplo, no tener acceso al dinero, o vetar la entrada a los casinos…). De esta manera, damos tiempo a nuestro cerebro a activar las zonas encargadas de razonar y evaluar las consecuencias y evitamos actuar de forma automática.

Surfear la ola

Aunque ya no echemos troncos a la hoguera, y estemos limitando nuestro contacto con las "chispas" que podrían prender el fuego, es posible que las brasas sigan calientes y se siga sintiendo ganas de consumir.

En el campo de las adicciones, no hablamos de ganas, deseo, o apetencia, sino que hablamos de un "ansia" o malestar, que puede ser muy incisivo, obsesivo e, incluso, doloroso. Todo el cuerpo-mente queda invadido por una orden interna que impulsa hacia el consumo.

Si estuviéramos en el mar con una tabla de surf, el ansia nos parecería una ola enorme imposible de surfear.

No obstante, sí es posible surfear la ola, ponerse encima de la tabla y aguantar el equilibrio. Usando la respiración, la conciencia corporal, poniendo distancia emocional, focalizando la atención en un objeto externo, puede uno sostenerse, hasta que el ansia se reduzca y desaparezca. También realizar actividad física y el contacto con la naturaleza son estrategias muy aconsejables. Las olas no viven siempre, simplemente suben y bajan.

Una técnica que trabaja con la conciencia corporal, y que, a la vez, es fácil de exportar a la vida cotidiana por su brevedad es la "pausa para respirar tres minutos" (Mason-John y Groves, 2015).

PAUSA PARA RESPIRAR TRES MINUTOS.

Se trata de hacer un parón en el quehacer diario para dedicar un minuto a cada una de las siguientes etapas:

1- Conciencia de todo lo que esté ocurriendo en ese momento (sensaciones, emociones, pensamientos) de forma curiosa y sin juicio.

2- Concentración en la propia respiración, poniendo atención simplemente a cómo el aire entra y sale de las fosas nasales.

3- Expansión de la respiración por todo el cuerpo, notando todo el cuerpo en su conjunto.

Prevenir recaídas

Al principio de la recuperación es habitual, en muchas personas, experimentar una gran liberación y alegría cuando logran mantenerse abstinentes. Poder liberarse del dolor y el malestar y sentirse capaz de autocontrolarse es muy reconfortante. Al cabo de unas semanas, no obstante, puede aparecer lo que se llama una "crisis de curación".

Puede ser que vuelvan a aparecer los sentimientos perturbadores que el consumo tapaba, previos o fruto del mismo consumo, como la apatía, vergüenza, culpa, irritabilidad, ansiedad, tristeza,… y que la persona crea que la recuperación no funciona o no le compensa. Si la persona niega la aparición de estos sentimientos dentro de sí, o vuelve a encerrarse en sí misma acumulando ese malestar dentro, o su entorno está aún muy desconfiado y acusador, eso será terreno abonado para la aparición de una recaída. Recordemos que ciertos sentimientos desagradables quedan asociados al deseo de consumo de forma automática y, por tanto, cuando aparecen los primeros, surge el impulso a consumir como la reacción más disponible.

Bajo estos sentimientos pueden esconderse una serie de creencias que la parte adicta traduce en ciertos mensajes y mandatos internos. Veamos algunos ejemplos:

"Soy" un adicto, y tarde o temprano volveré a consumir.

La vida sin consumir es insostenible, o no vale la pena.

Merezco recompensarme consumiendo por todo el esfuerzo que hago.

Nadie confía en mí, ¡qué más da!

En otras ocasiones, las recaídas pueden aparecer por un exceso de optimismo, al pensar que no ha sido tan difícil conseguir la abstinencia y que, por tanto, en realidad no existe la adicción. Eso llevará a minimizar las situaciones de riesgo exponiéndose a ellas sin conciencia ni protección.

Realmente, bajo estas conductas reside la misma negación que existía cuando el consumo estaba activo, y encierran la trampa de la reincidencia.

El antídoto contra las recaídas será la conciencia del propio funcionamiento, siendo el acompañante el que le brindará el espejo al acompañado para verse de forma completa. Esto lo hará de manera respetuosa y compasiva, siendo claro y contundente pero, a la vez, comprensivo y amoroso. Se tratarán las recaídas de forma analítica, haciendo hincapié en qué es aquello que ha fallado en el plan de abstinencia y qué se puede aprender de todo ello.

La función del consumo

Frecuentemente, la demanda terapéutica que plantea el acompañado es saber "porqué tengo una adicción".

Más que saber el porqué, se trata de saber el "para qué".

No tenemos que perder de vista que el consumo siempre cumple con una función psicológica. Es el parapeto detrás del que se esconde lo que no queremos sentir o vivenciar, y está al servicio de la máscara que hemos construido para relacionarnos con el exterior.

Será un buen trabajo, entonces, indagar sobre qué es lo que está supliendo o compensando el consumo, y cuáles la necesidad o herida emocional que hay debajo:

- *Sentimientos de rechazo:* si alguien tiene tendencia a sentirse inadecuado y rechazado por los demás, o que no encaja en ningún grupo social, puede utilizar el consumo para no sentir emociones y refugiarse en la fantasía o la actividad intelectual.

  Va a necesitar aprender a regular su miedo al rechazo y abrirse a ser bienvenido.

- *Sentimientos de abandono e insatisfacción:* si alguien vive con el miedo continuo a ser abandonado o poco querido, consumirá para no sentir esa angustia, o para no perder el vínculo con otros consumidores.

  Va a necesitar aprender a cuidar de sí mismo.

- *Sentimientos de rabia contenida:* si alguien vive con la tendencia a reprimir su ira y a callar lo que piensa, aguantando y aguantando, puede consumir para sofocar su enfado…, o para tener una excusa para su liberación.

  Va a necesitar aprender a expresarse de forma clara y poner límites saludables.

- *Sentimientos de miedo a la humillación:* si alguien se ha construido escondiendo sus debilidades para no ser atacado, usará el consumo para no sentir su vulnerabilidad.

  Va a necesitar validar todas sus emociones.

- *Tensión permanente por perfeccionismo*: si alguien está en tensión continua por miedo a fallar o a no ser suficiente, el consumo sirve para poder producir más, o bien para poder dejarse ir.

  Va a necesitar aceptar sus limitaciones y atender a sus necesidades.

Recuperarse es un asunto del corazón

La benevolencia es esencial para el proceso terapéutico. Es necesario cambiar la manera de relacionarse con uno mismo, empezando a reconocerse y a aceptarse, para, finalmente, volver a quererse.

Si la terapia se enfoca solamente en abstenerse de consumir, pero no se trabaja con el malestar interior, con el autorechazo original, existe mucha probabilidad de que la conducta adictiva vuelva, o se transforme en otra similar.

Habiendo identificado la función del consumo, trabajaremos psicoterapéuticamente para que el acompañado empiece a acompañarse a sí mismo con todo eso, mire de forma compasiva esa parte de sí, y pueda desarrollar la capacidad de sostener esas necesidades y proveerse su satisfacción.

Le ayudaremos a cultivar las llamadas "necesidades del corazón" (Mason Jason y Groves, 2015).

Las cuatro "A" de las necesidades del corazón
Atención amable: entrenar la atención para mirar hacia dentro y ser consciente del propio sufrimiento.
Aprecio: poner en valor, los esfuerzos que se realizan para mejorar y salir de ese sufrimiento.
Afecto: darse afecto y cariño, aunque uno se equivoque.
Aceptación: aceptar las limitaciones y aprender de los errores.

Sabemos que las experiencias traumáticas son frecuentes entre las personas con comportamientos adictivos. Por tanto, un abordaje terapéutico sensible al trauma será necesario en muchos casos, identificando la ventana de tolerancia de su sistema nervioso y situando el trabajo en sesión dentro de estos cauces.

Atender al proceso

Como ya se apuntó en el capítulo cuatro, no debemos olvidarnos de ir atendiendo al proceso, es decir, como se está desarrollando el ciclo del proceso terapéutico y del proyecto vital del acompañado. Observaremos dónde se bloquea, dispersa o distorsiona la energía en la consecución de sus objetivos de tratamiento y, a la vez, de forma más global en su vida.

Volvamos a repasar los problemas en las fases del ciclo, con propuestas de intervención para su abordaje. Se recomienda trabajar primero con las primeras fases, ya que son la base sobre las que se sustentan las siguientes.

Fases sensoriales:

Si detectamos que el modo de captar la información sensorial está bloqueado y la persona "pasa de puntillas" por sus experiencias, la ayudaremos, en sesión, a poner atención sobre sus sensaciones corporales (por ejemplo: "respira eso que has dicho", "dónde sientes eso en el cuerpo"). Podremos utilizar técnicas como la pausa de tres minutos antes comentada, o, de forma más completa, con el "contínuum de conciencia" de la Psicología de la Gestalt, o el *mindfulness*. Así trabajamos el aumento de la sensibilidad y evitamos un exceso de filtrado condicionado por su marco de referencia. De esta forma, la información será censada de forma más precisa y eso la llevará a ciclos más completos y satisfactorios.

Fases de identificación:

Esta es una fase con mucha interferencia, y será vital identificar y trabajar con las distorsiones cognitivas producidas por las creencias adictivas que contaminan el proceso terapéutico. Estas creencias tienen que ver con creer que la perfección (o vivir sin dolor) es posible y deseable, y que uno mismo no es suficiente para conseguirlo. Se trata de que la persona sitúe y acepte sus propios límites y los límites de la vida.

A la vez, para trabajar las distorsiones en el fluir emocional, incluiremos la "educación emocional" como parte importante de la intervención.

Por educación emocional entendemos todo aquello que aumente la comprensión sobre la naturaleza y la dinámica de las emociones, el aumento de la conciencia sobre la propia vivencia emocional y el incremento de herramientas para su regulación.

Conviene, en primer lugar, que el sujeto se sitúe en algún punto de la escala de *conciencia emocional* (Steiner,1997):

- *Embotamiento*: la persona no es consciente de sus sensaciones.

- *Sensaciones físicas*: se experimentan sensaciones físicas, pero no se relacionan con emociones, como sería el caso de las somatizaciones.

- *Caos emocional*: se tiene conciencia de la carga emocional pero no se puede comprender ni explicar.

- *Diferenciación*: ya se puede hablar acerca de los sentimientos y diferenciarlos entre sí.

- *Causalidad:* no sólo se pueden diferenciar las emociones, sino que se pueden saber las causas de las mismas.

- *Empatía*: la persona entra en contacto también con las emociones de los otros.

- *Interconectividad*: existe sensibilidad acerca del flujo entre las emociones propias y ajenas, y de cómo se relacionan entre sí.

Posteriormente, se educará sobre la dinámica del fluir emocional, sobre la función que desempeña y sobre la necesidad de dar una respuesta apropiada y no distorsionada a esta. Para poder explicarlo de forma muy gráfica, se recomienda consultar a Gimeno-Bayon (2016) y su modelo acerca de las "cañerías emocionales" que seguidamente reproducimos. Según este modelo, los estímulos, tanto externos como internos, generan una reacción organísmica a tres niveles: cognitivo, corporal y afectivo. Esta reacción producida por las experiencias vitales puede simbolizarse como si fuera un "fluido" que circula por las cañerías de nuestra psique. Este fluido debe circular sin interrupciones por los conductos adecuados para encontrar una salida y promover una respuesta adaptativa del organismo a esa estimulación. Eso dependerá del tipo de estímulo que se haya producido, y del tipo de respuesta que quiera darse; o bien más instintiva o bien más socializada. Es decir, la reacción afectiva es útil para la supervivencia y la adaptación. Una vez se ha llevado a cabo la respuesta, el organismo podrá volver a su punto de equilibrio.

Pero puede ocurrir que, a lo largo de estas cañerías, existan llaves de paso que bloqueen ese sabio fluir. Entonces el proceso afectivo se distorsiona, se desborda o se estanca. Por ejemplo, cuando se impide el paso por alguna de las emociones, el fluido afectivo se desplaza o bien hacia un exceso de racionalización, o bien hacia la somatización, o bien hacía sentir alguna otra emoción que parasita el espacio de la primera.

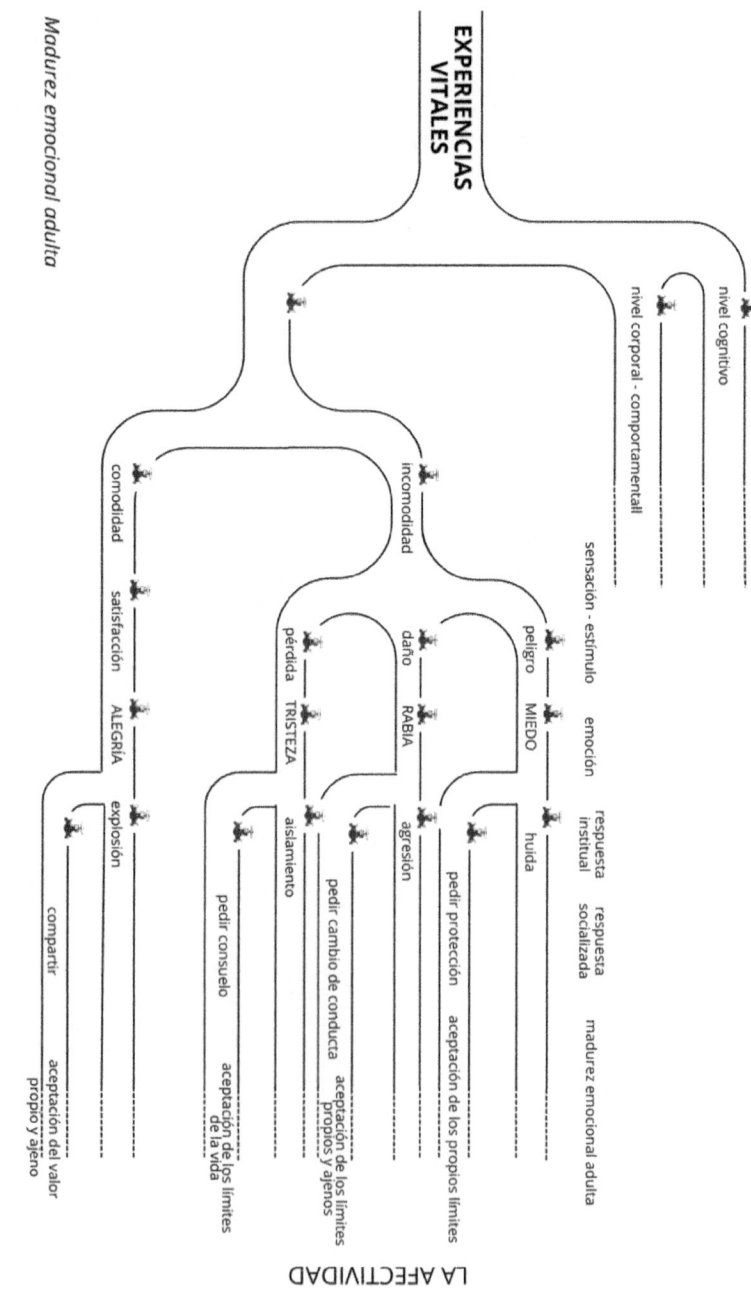

Madurez emocional adulta

Ana Gimeno-Bayon y Rosal (2001)

Se tratará de identificar cuál es la emoción genuina, y permitir que el proceso afectivo se desencadene. Luego, se trabajará sobre la forma y el grado apropiado de expresión con técnicas para promover la expresividad, en casos de represión, o encauzarla, en casos de descontrol.

Ser capaz de identificar de forma correcta las necesidades, así como las aspiraciones y deseos, e interpretar sin contaminaciones la experiencia, va a ayudar al acompañado a tener más claro hacia dónde encaminar el proceso terapéutico y su propia vida. Ya no necesitará como antes recurrir a un alterador del ánimo ante una vivencia emocional porque será más capaz de sintonizar y atender sus señales internas.

La madurez emocional adulta implicará, al fin, la aceptación plena de la realidad, tanto sobre uno mismo, sobre los otros, como sobre la vida.

Fase valorativa:

El trabajo con el sentido de la vida y con los valores nucleares de la persona debe ocupar un espacio destacado dentro del proceso terapéutico. Será muy útil poner el foco en otros valores alternativos al "vivir sin dolor" para fortalecer al yo no adicto y dar sentido al proceso deshabituador. Si uno llega a sentirse orgulloso de sí mismo, ya no habrá espacio para el consumo.

De esta área de intervención se hablará más ampliamente en el siguiente capítulo.

Fases productivas:

Aquí se tratará de identificar y neutralizar todos los obstáculos que frenan o distraen a la persona de conseguir sus objetivos, tanto terapéuticos como vitales. Estos obstáculos pueden ser la dispersión o falta de foco, una dificultad en el autocontrol, o unos mensajes internos negativos.

Se trabajará para desarrollar dentro de uno la figura de un buen Adulto (en el sentido al que se refiere el Análisis Transaccional), el cual buscará maneras creativas para conseguir sus propósitos, se pondrá límites, desde el afecto, con el fin de cuidarse (es bueno ponerse límites para protegerse y para conseguir lo que uno quiere) y, a la vez, se verá con buenos ojos y se enviará mensajes de estímulo, de confianza en las propias capacidades, y de esperanza. Quizá primero el acompañante deberá estimular su aparición y ofrecer modelos y ayudas, para que, gradualmente, y fruto del trabajo terapéutico vaya internalizándose esa figura.

Es habitual que, en muchos tratamientos, se proponga la determinación de la presencia de droga en la orina como medida que promueve el autocontrol, mediante el control externo por parte del terapeuta o de la familia. Esta técnica puede ser muy útil al principio para ir internalizando esa vigilancia y control, que primero es desde fuera y que luego se transforma en autoconciencia. Por tanto, conforme avance el proceso, esa vigilancia externa debería retirarse para fortalecer la confianza en el propio control interno. No se debe abusar del "miedo" a la recaída para justificar medidas de control cuando ya no son necesarias, porque de esa manera se infantiliza al sujeto y se le despoja de su responsabilidad.

Fases de encuentro:

Otra cuestión importante es ver la calidad de las relaciones que se establecen. Cuando las relaciones, especialmente con las personas significativas, suelen seguir una forma estereotipada y resultan en malestar, decimos que están basadas en "juegos psicológicos". En ellos, las personas desempeñan unos papeles determinados y acaban con un desenlace previsto (que se podía intuir de antemano). Por ejemplo, supongamos que tenemos una pareja en la que uno de ellos está luchando para abandonar un comportamiento adictivo. La otra persona desconfía sistemáticamente, incluso cuando no tiene ningún indicio, haciéndole múltiples preguntas para que el primero confiese y así "pillarle". Finalmente, esa persona se enfada y se va directo a consumir. Así, refuerzan los roles del "bueno" y del "malo", que causan malestar, pero son predecibles y familiares, y evitan hablar sobre la salud de la relación.

Trabajar la "intimidad", es decir, atreverse a una comunicación abierta y sincera de sentimientos es el modo de no caer en estos dolorosos juegos de roles.

Como dijimos en la primera parte, otro motivo para no realizar con plenitud la fase de encuentro es la frustración por expectativas que no eran realistas. Aquí será interesante desarticular mandatos internos de exigencia y fomentar el permiso para el autorrefuerzo de pequeñas metas.

Fases de relajamiento:

Para el problema del aferramiento, en el que la persona se resiste a abandonar su hábito perjudicial o sus relaciones tóxicas, es conveniente hacer alguna intervención que incluya la escenificación de una "despedida" y la elaboración del duelo posterior.

Por ejemplo, en el caso de alguien que está abandonando el hábito de fumar cannabis, tendremos en cuenta que ese consumo lleva con él desde la adolescencia, lo ha acompañado en su crecimiento como adulto, ha estado con él en los mejores y peores momentos, ha estado instalado, incluso, en sus valores, en su forma de vestir y en su forma de ver la vida. Es como un gran amigo de toda la vida, del cual, ahora, se tiene que despedir porque quiere que su vida tome otro rumbo. Por ello, podemos teatralizar mediante una carta, o en el mismo espacio de la sesión, la expresión de todo lo que ha significado ese hábito que se quiere dejar atrás. Tanto los aspectos en los que lo ha ayudado, como las razones por las cuales toca despedirse. Incluso se puede potenciar el simbolismo enterrando o haciendo desaparecer todo el material que usaba para consumir (mecheros, ceniceros, grinder,…).

En muchas personas, dejar atrás el consumo es vivido como perder algo importante para la vida, casi como perder una pierna o un brazo. Es una interesante propuesta elaborar esta pérdida, reconociéndola y trascendiéndola, viendo la oportunidad que nace después de despedir lo viejo.

Por otro lado, cuando existe la vivencia de la relajación como algo angustiante, será interesante trabajar con los miedos asociados al no hacer, al no ser productivo, que en muchas ocasiones se relacionarán con introyectos familiares.

En resumen, vemos el comportamiento adictivo como la parte "visible" o la punta del iceberg de algo mucho más complejo que reside en el interior de la persona que acompañamos. Podemos atender y tratar esa parte visible, sin olvidar la asombrosa profundidad que se encuentra bajo la superficie. Si nos atrevemos a mirar más allá, a través del síntoma, podremos acceder a una comprensión más amplia de cómo es el impulso vital de esa persona, de cómo late la vida a través de ella, y cómo se expande cuando libera sus bloqueos y encuentra su camino sin distorsiones ni dispersiones. Cuando despierta y empieza a vivir sin miedo.

7

LA BÚSQUEDA DE LA FELICIDAD

"La felicidad no puede ser obtenida queriendo ser feliz. Tiene que aparecer como consecuencia no buscada de perseguir una meta mayor que uno mismo"

VIKTOR FRANKL

Como hemos ido viendo, la conducta adictiva es un modo (equivocado) de buscar el bienestar o la felicidad.

Y, ¿qué es la felicidad?

Busquemos en el diccionario: según la RAE la felicidad es *"un estado de plena satisfacción material y espiritual"*.

Esta definición nos hace pensar que la felicidad, para ser experimentada, debe incluir una dimensión más elevada que la simple consecución del placer y la evitación del dolor. Debe existir algo más que anide en nuestro interior y alimente nuestra alma.

Etimológicamente, felicidad deriva del latín *felicitas* que, a su vez, viene de *felix* que significa "fértil". Por tanto, ese algo debe ser una semilla que crezca dentro de nosotros y provoque que uno se sienta satisfecho y orgulloso no sólo de lo que disfruta y posee, sino de lo que es y de lo que puede llegar a ser.

Felicidad hedónica y eudaimónica

En psicología, existen dos grandes paradigmas que definen el bienestar o la felicidad: el paradigma hedónico y el paradigma eudaimónico (Flores-Kanter, P., Muñoz-Navarro, R., & Medrano, L. 2018). El paradigma hedónico propone que el bienestar depende, principalmente, de vivir una vida con experiencias predominantemente placenteras; mientras que el paradigma eudaimónico refiere que el bienestar no sólo se logra mediante el placer, sino, principalmente, a través de la actualización del potencial humano.

Según el primero de los enfoques, el bienestar subjetivo se logra mediante la experimentación de niveles altos de afecto positivo, la vivencia de niveles bajos de afecto negativo y una alta satisfacción vital, es decir, sentir placer y evitar el dolor como medida de la satisfacción con la vida.

Por otra parte, en el segundo paradigma, la visión eudaimónica, se propone que el bienestar se alcanza a través de la consecución de rasgos como el propósito, las relaciones positivas, la autoaceptación, el crecimiento personal y la autonomía.

Según Sheldon, la felicidad eudaimónica sería la consecuencia o el producto de una vida guiada por "las acciones virtuosas". Sería el efecto secundario que surge cuando las personas se concentran en ser las mejores personas posibles, sobre todo si ese crecimiento va orientado hacia la amabilidad, la empatía, el perdón, la ecuanimidad o el amor.

Este autor también sostiene que la felicidad hedónica, a diferencia de la eudaimónica, puede ser rápida e intensa, pero dura poco. La razón se encuentra en la llamada "adaptación hedónica", esto es, que el organismo se acostumbra al placer y las sensaciones se amortiguan. Además, habitualmente no podemos provocarnos sensaciones o sentimientos que en realidad no tenemos, y por tanto, desear la felicidad "sin más" no suele funcionar.

TIPOS DE FELICIDAD

HEDÓNICA	EUDAIMÓNICA
Se busca mediante la experiencia de actividades placenteras Alto afecto positivo Bajo afecto negativo Dura poco	Se alcanza a través de la consecución de rasgos como el propósito, las relaciones positivas, la autoaceptación, el crecimiento personal y la autonomía. Supone un esfuerzo pero es perdurable en el tiempo

Rehumanización

El filósofo José Luís Cañas define la adicción como todo aquello que esclaviza al ser humano o aquello que lo "deshumaniza", ya que la persona que la padece deja de sentirse persona para sentirse "objeto". Aparta todo aquello que, hasta ese momento, era importante en su vida para convertirse en un simple consumidor y cliente. Por tanto, la salida de las adicciones sería la "rehumanización", o la recuperación de aquellos valores típicamente humanos como el sentido de vida, la creatividad o el propósito vital. Transcribiendo sus palabras:

Entonces, cuando se queda desnudo ante sí mismo, sin artificios ni rodeos, sin mentiras ni engaños, aparece ante sus propios ojos la verdad de su ser, brota el sentido de su existencia y de las cosas que le rodean.

En este capítulo hablaremos de las intervenciones psicoterapéuticas encaminadas a la "rehumanización" o crecimiento del propio potencial personal con el que poder lograr (esta vez sí) una felicidad más plena y duradera.

Se trata de volver a sentirse orgulloso de uno mismo, de gustarse de verdad, de ser actor de su propia vida y no un mero espectador. Como la mariposa que extiende sus alas al salir de su crisálida, así la crisis provocada por la adicción puede llevar a la persona a liberar todo su potencial.

Los pilares sobre los cuales se alza este trabajo serían:

– Comprender el sentido de la propia vida.

– Descubrir los propios valores personales y dedicarse a cultivarlos.

– Desarrollar la conducta prosocial como la amabilidad, el amor, la compasión o la ecuanimidad.

Comprender el sentido de la propia vida

Frecuentemente, las personas con adicciones no están en contacto con su propio valor intrínseco y, aunque no estén en consumo activo, van arrastrando cargas de culpa, sentimientos de poca valía y encuentran la nueva vida sin consumo vacía o sin sentido.

Una propuesta de trabajo para despedirse de los viejos patrones y decisiones anticuadas que alimentan la baja autoestima es el propuesto por Gimeno-Bayón y Rosal (2001): *Despidiéndose del pasado*. Se trata de una visualización en la que la persona realiza un viaje a varios episodios significativos de su pasado, identifica aquellas creencias y mensajes negativos y restrictivos que aprendió en esas experiencias y que condicionaron su paisaje interior y, posteriormente, decide cambiarlos por otros más positivos y adaptados a su momento actual.

Otra técnica de los citados autores es *"la fantasía de la obra de teatro"*, en la que se visualiza la representación teatral que un dramaturgo crearía basándose en la vida de la persona. Se imagina en qué tipo de teatro se representa, quién acude a la función, qué título tiene y qué ocurre en cada uno de los actos. Luego se observa el acto final, y si éste no es el deseado por el sujeto, o no es saludable, se trabaja para encontrar uno más adecuado.

Y otra técnica más, de los mismos autores, y que se puede encontrar en Gimeno-Bayon (2019) es el *"escudo anti-absurdo"*. Es una técnica parcialmente inspirada en la logoterapia, cuando afirma que existen tres motivaciones que dan sentido a la vida:

- la vivencia de las llamadas "vivencias cumbre". Aquellas vivencias que solo por haberlas experimentado una sola vez, la vida ya vale la pena (por ejemplo, haber observado un bello atardecer, disfrutado de un concierto, sentido el cálido abrazo de alguien especial).

- la experiencia de un trabajo productivo, como haber hecho alguna vez algo que ayudó a alguien o solucionó un problema.

- soportar con dignidad el sufrimiento, como haber soportado momentos difíciles con dignidad.

Entonces, la técnica consiste en dibujar un escudo (como el que utilizaban los guerreros antiguos) con cuatro compartimentos, y en cada uno de ellos escribir y/o dibujar algo que simbolice cada una de estas tres motivaciones, más una añadida que sería alguna aspiración o meta que a uno le sirva de motor para su existencia en el futuro. La sensación de conjunto que crea la observación del propio y único escudo se guarda en el interior, y se puede acudir a ella cuando se dude del sentido y el valor de la propia vida.

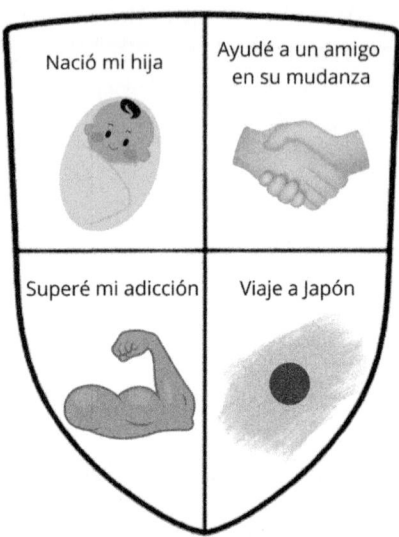

Escudo Antiabsurdo (Gimeno-Bayon, 2019)

Cultivar los propios valores personales

A menudo nos olvidamos de nuestros recursos personales, pero tenemos suerte que "nuestros recursos" no se olvidan de nosotros y siguen ahí esperando a ser reconocidos.

Mason-Jason y Groves (2015) proponen una serie de preguntas para recordar los propios valores intrínsecos:

-Si pudieras cambiar todo lo que eres, ¿qué no te gustaría cambiar? ¿Qué características te gustaría conservar? ¿Qué cualidades o valores son relevantes para ti?

-Si un grupo de amigos o personas significativas hablara de tus cualidades, ¿qué destacarían de ti?

Estos autores afirman que los valores personales pueden ser a la vez indicadores del rumbo a seguir y refugio. Por ejemplo, si ayudar a otras personas es un valor importante para uno, ese valor lo guiará a la hora de decidir sus acciones en las diversas áreas de su vida, como las relaciones personales, el ocio, o, incluso, la ocupación profesional.

A la vez, ante el sufrimiento, se puede acudir a los propios valores, porque al actuar de acuerdo con ellos se encontrará fortaleza y serenidad. Si para alguien sus hijos son lo más importante, recordarlos será útil para mantenerse en pie en situaciones difíciles o de riesgo.

Se pueden trabajar también los valores a partir de listas de valores universales, y ver con cuáles resuena más la persona. Luego se concretan acciones para cultivar esos valores, y la persona se compromete a implementarlas.

El consumo fue una máscara bajo la cual la persona se escondió un día. Cuanto más se iba escondiendo, más se iba convirtiendo en alguien que no era realmente, diciendo o haciendo cosas que no eran suyas genuinas. La máscara protegía a la persona de contactar con algún conflicto emocional. Más allá de este dolor reside la esencia, y es esta esencia la que hay que ir a buscar.

Por ello, en el caso de las conductas adictivas, resulta interesante el cultivo de valores que la adicción deterioró, como la sinceridad, la autenticidad o la humildad. Poder disfrutar de decir la verdad siempre que se pueda, ser transparente y auténtico respecto a los sentimientos y necesidades, y esforzarse en soltar el control y aceptar las propias limitaciones será un auténtico bálsamo para la persona y una brújula que guiará sus pasos.

Desarrollar la conducta prosocial

Existen teorías psicológicas que afirman que el bienestar o felicidad es más duradera cuando el objetivo de las acciones que se realizan para su cultivo son prosociales o altruistas. Alvear y Cebolla (2023) afirman que la mejor forma de alcanzar un bienestar que sea duradero tiene que pasar por estar centrado en una visión abierta y colectiva del bienestar. Lo que es beneficioso para los otros será beneficioso para mí. Estos investigadores proponen una lista con 100 propuestas de actos aleatorios de amabilidad. Proponen realizar una serie de actos amables como parte de un entrenamiento para incrementar el bienestar personal (Entrenamiento EBC). Estos actos no sólo se realizarían con personas amadas, sino también con personas desconocidas e, incluso, con personas que provocan incomodidad.

Ésta sería una posible propuesta para trabajar este aspecto, pero este trabajo se puede personalizar con aquello que le resuene más a cada uno. Para algunos, podría ser participar en una ONG, para otros dedicarse de forma más activa a cuidar a un familiar, o bien adoptar una mascota. Todo el tiempo que antes se dedicaba a simplemente consumir, se puede emplear al servicio del bien común, y eso redundará en bienestar, sentido de utilidad y plenitud para el sujeto.

Otra habilidad a desarrollar será la compasión. Una de las definiciones más aceptadas de la compasión sería la siguiente: *"sentimiento que surge al presenciar el sufrimiento en el otro, más la motivación posterior para ayudar a que dicho sufrimiento disminuya"* (Goetz, Ketner y Simno Thomas, 2010).

Por tanto, la compasión no es sólo un sentimiento experimentado, también incluye la conciencia o comprensión de que existe sufrimiento y la actitud proactiva de aliviarlo.

Entre las prácticas contemplativas abundan meditaciones que favorecen el contacto con el sentimiento compasivo, como por ejemplo la meditación "metta" (o de amor bondadoso) de la tradición budista, la meditación del color compasivo (Gilbert), o la creación del mantra autocompasivo (Neff).

Por otro lado, para profundizar en la parte cognitiva de la compasión, es interesante trabajar con la *ecuanimidad*. La ecuanimidad es la habilidad de mantener la imparcialidad en el juicio. Si entendemos que todas las personas buscan en última instancia incrementar la felicidad y disminuir el sufrimiento, y ese objetivo es común a todas las personas, eso nos ayudará a comprender mejor a los demás y ser más compasivos. Eso no quiere decir que la persona renuncie a poner límites ante comportamientos ajenos que le estén perjudicando, sino que comprenda de forma más amplia ese comportamiento y no guarde sentimientos que deterioran sus relaciones y su bienestar, como el resentimiento, el rencor, la envidia o la desconfianza.

Esa compasión será aplicable tanto hacia los demás, como hacia uno mismo. Según la persona, habrá quien tenga más dificultad en una u otra dirección.

Como hemos apuntado más arriba, habrá quien no tenga problemas en ser compasivo con otros, pero le costará mucho serlo con uno mismo. Eso puede ser debido a sentimientos de culpa insana no resueltos, o más transversalmente, a guiones restrictivos con la alegría que impiden relajarse y sentirse bien, como si uno se hubiera condenado a cadena perpetua y no tuviera permiso para tener una buena vida.

El sentimiento de culpa tiene una versión sana, que es la que permite reflexionar sobre los propios actos para poder mejorarlos y/o restaurar el daño provocado. Tiene el objetivo de cultivar relaciones más armoniosas y hacernos crecer como individuos y como comunidad. No obstante, también tiene una versión insana que es cuando ésta se enquista en la persona más allá de su utilidad y le sirve como excusa para el no cambio y para aislarse. Es en este segundo caso en el que es recomendable intervenir para salir del bloqueo y del malestar cronificado.

Otros tendrán más problemas para ser compasivos con los demás. Poder reflexionar sobre todo el dolor que la conducta adictiva ha causado a amigos y familiares favorecerá el sentimiento compasivo y las ganas de restaurar esos vínculos.

Sostenerse

En mi opinión, la finalidad última del tratamiento sería la liberación de toda dependencia, y la consecución de la plena autonomía.

No se trata de sustituir un objeto adictivo por otro (como otra sustancia, o la comida, o la actividad deportiva exagerada,…).

Ni se trata de ser un enfermo crónico y estar en tratamiento de por vida.

Se trata de ser capaz de sostenerse a uno mismo ante los desafíos de la vida, asumir las propias responsabilidades, aceptar los límites propios de la existencia, ser conocedor de todos los recursos que se poseen y ser consciente del propio valor interior. Y, además, poner ese valor interior al servicio de una causa mayor que traiga luz a la existencia.

8

CASO CLÍNICO

Título: Un viaje a las profundidades para descubrir la propia luz

Datos relevantes:

Inicio del proceso terapéutico: noviembre de 2018.

Daniel es un hombre de 48 años, soltero, sin hijos y que vive solo. Ha tenido algunas relaciones de pareja estables, la más larga de 4 años, con las que nunca ha convivido. Trabaja de director de ventas para grandes empresas. Es el menor de 5 hermanos. La madre había muerto un año antes de la primera visita.

Descripción del caso:

Empezó en el mundo de las drogas a los 16 años, fumando tabaco y cannabis. El consumo de marihuana llegó a ser casi diario, nunca en horas de trabajo, sino al finalizar el día y los fines de semana.

Probó la cocaína a los 29 años, en ambiente social y lúdico. Hacía diez años que había trasladado el consumo al ámbito privado de su hogar, y era cada vez más frecuente hasta hacerse casi diario. En el consumo buscaba desconectar la mente.

En los últimos años había adquirido el hábito del consumo diario de cerveza, de entre dos y seis medianas al día. Identifica que el alcohol era el disparador del consumo de cocaína.

En la primera visita apuntó una serie de problemas a revisar:

- Tendencia al aislamiento. Tenía buenas relaciones sociales, era cálido y empático, pero le costaba establecer vínculos profundos y entregarse por miedo al rechazo.

- Sentimientos de insatisfacción con su vida, con la sensación de tener una vida con poca continuidad. No existía una trayectoria clara ni un sentido de evolución.

- Tendencia a hacer siempre de más, a sobre implicarse a nivel laboral, a querer dar una buena imagen a través del trabajo.

- Dificultades con el afrontamiento de los conflictos, evitando situaciones que podrían comportar confrontación.

- Dependencia de la aprobación, en especial respecto al padre y los hermanos mayores. Describía al padre como a un hombre brillante, exigente consigo mismo y con los hijos, al que no había querido nunca decepcionar.

Su demanda terapéutica era abandonar el consumo de cocaína y trabajar los puntos antes descritos, los cuales situaba en la base de su hábito adictivo.

Paralelamente a la intervención psicoterapéutica, también fue visitado por un psiquiatra y se le prescribió medicación. También acudió a un centro de día, pero sólo estuvo unos pocos meses. También acudió a sesiones de terapia grupal.

Intervención psicoterapéutica:

La primera intervención que realizamos fue la de trabajar la conciencia de su problema, aumentar la motivación y el compromiso con el tratamiento y construir el vínculo terapéutico. Se le dio mucha información sobre el fenómeno adictivo, información limpia de estigma y que lo liberaba de su propio autoestigma, que era un gran obstáculo para poder él asumir y hacerse cargo de su problema. No se trataba de un problema de debilidad personal, sino de un trastorno mental tipificado en el manual diagnóstico de los trastornos mentales (DSM 5). Se le explicó la rueda del cambio motivacional, y entre los dos identificamos que se encontraba en fase de acción. No obstante, no podía parar aún los consumos que eran de 2-3 veces a la semana. Pactamos los dos juntos pequeños objetivos como ir ampliando el tiempo entre consumos o disminuir la cantidad. Trabajamos para identificar los estímulos que activaban el circuito del deseo para poder evitarlos, como, por ejemplo, evitando determinadas personas, lugares, o borrando los contactos de distribuidores.

Hicimos juntos una lista de herramientas y recursos para hacer frente al ansia o deseo de consumo, para que él las pudiera usar en lugar de consumir. En este punto, él ya podía luchar contra este deseo y había ampliado mucho el tiempo entre consumos, con lo cual éste era cada vez menos frecuente. Vemos aquí que aún no había cesado el consumo, pero aún así se encontraba motivado y en fase de acción.

Relacionó los momentos de deseo intenso con situaciones donde se había sentido juzgado, o había tenido miedo a equivocarse o a no recibir aprobación. También identificó como otra situación de riesgo el aburrimiento, el tener tiempo no estructurado sin saber qué hacer. Se le propuso que hiciera un "planning" por escrito con una mínima previsión de actividades a hacer. Admitió que le costaba seguir al pie de la letra esa planificación, y trabajamos sobre aquello que le estaba obstaculizando en su cumplimiento, como unas expectativas demasiado elevadas, o mensajes desenergetizadores.

Se fue dando cuenta, cada vez más, de las emociones que se activaban y le llevaban a consumir, como, por ejemplo, la euforia ante un éxito o celebración, o la frustración y enojo secundarias a un comentario despectivo de su padre. Aquí trabajamos la educación emocional, encontrando cuál era la función de cada emoción y qué salida era más saludable para cada una.

Consiguió estar hasta dos semanas sin consumir, pero cuando recayó se sintió muy culpable y se criticó severamente. Se quejaba de que su familia lo trataba como a un niño, que no lo tomaban en serio y minusvaloraban sus esfuerzos. Explicamos los roles del triángulo dramático de Karpmann, identificando cómo se situaba en el rol de Víctima. Buscamos salir del juego asumiendo un rol realista y responsable de sus logros y fracasos.

Utilizamos el modelo de los *Estados del yo* de Berne para trabajar las relaciones familiares y la dinámica interna. Aprendió a detectar cuándo caía en el exceso de Padre crítico, cuándo en el del Niño desvalido, y cuándo asumía el papel de Adulto. Hicimos trabajos para reforzar la permanencia en su estado Adulto, desde el cual analizar las situaciones y tomar mejores decisiones. También fortalecimos una parte deficitaria en él, que era la parte cuidadora o nutricia interna, la autocompasión, la ternura.

Vimos desde qué estado del Yo se situaba cuando interactuaba con la familia, y se dio cuenta que lo hacía desde una posición de Niño, sumiso a los juicios y a la desaprobación del padre y los hermanos mayores. Los consumos no hacían más que confirmar que él no era fiable ni suficiente para llevar su vida de forma autónoma, a ojos de sus familiares.

Se dio cuenta también de que tenía un gran miedo a la desaprobación y a equivocarse, y tendía a consultar todas las decisiones con su padre y con sus hermanos. Sentía mucha culpa y, por ello, no ponía límites ante sus intromisiones y faltas de respeto. Bloqueaba la fase de decisión porque quería actuar de acuerdo con los valores familiares, pero, a la vez, dudaba de ellos. Estaba más pendiente de actuar para contentar a terceros, que en preguntarse a sí mismo qué quería. Utilizamos diálogos gestálticos con diferentes partes de sí mismo, como su Niño natural o su cuerpo, para preguntarles qué querían o necesitaban genuinamente.

Otro trabajo interesante que hicimos en ese momento fue la identificación de la parte esencial, que, a continuación, relatamos: con ayuda del esquema máscara- conflicto-esencia de la Biosíntesis, le pedimos que entrara en contacto con la defensa, o máscara, que ante ponía en su relación con el exterior (en su caso, la necesidad de aprobación, la evitación, la complacencia). Luego identificó cuál fue el motivo que originó tal defensa, y que era el miedo a no ser querido y a no pertenecer a la familia. Luego fue al encuentro de su parte esencial, que es aquello que está más allá de todo eso, lo que sería él si no tuviera ese miedo. Allí consiguió sentirse satisfecho, seguro y tranquilo para luego "injertar" esas nuevas sensaciones en su cuerpo.

En este momento de la terapia, su consumo de cocaína era de cada 2-3 semanas, y expresó motivación para dejar su consumo de cannabis. Para ello, teatralizamos un "ritual de despedida" para decir adiós al cannabis, el cual había sido como un compañero de vida que había estado con él todos los días desde su adolescencia.

Estábamos ya en 2020, y vino la pandemia y el confinamiento. Aquí ocurrió un hecho importante a partir del cual cristalizaron muchos aspectos que se habían ido trabajando. Su padre cayó enfermo de COVID, y fue ingresado por neumonía. Él se hizo cargo de todo sin miedo y con diligencia, los hermanos desaparecieron o se bloquearon por miedo, y él cogió el mando de las decisiones a tomar. Eso lo decepcionó profundamente, y lo entristeció, pero lo ayudó a tomar conciencia de sus recursos, bajó del pedestal a sus hermanos, vio la fragilidad en su padre, y, a raíz de eso, los juegos de poder cambiaron en la familia. Trabajamos en la liberación simbólica del juicio familiar, decidiendo que a partir de ese momento era libre para tomar sus decisiones, dirigir su vida y establecer otras relaciones significativas fuera de la familia. Trabajamos el "autoparentamiento", o creación de una figura interna que ejerciera de buen padre consigo mismo, con la visualización del paseo con el padre ideal de Gimeno-Bayon y Rosal (2001). Se trataba de crear un estado Padre no sólo hipercrítico y devaluador, sino un padre interno justo, que le supiera guiar y aconsejar bien.

Trabajamos la reflexión crítica de las introyecciones o creencias familiares, diferenciando la opinión de ellos con la suya, preguntándose "¿Cómo lo veo yo?". Ya no participaba en los juegos psicológicos a los que jugaba, que a menudo consistían en ponerse a la defensiva de las críticas y en justificarse continuamente. Se dio cuenta del rol que había tenido en la familia: "el pequeño que debía mantener a la familia unida".

En este punto Daniel estaba inmerso en una transición importante respecto a quién era él, qué lugar ocupaba, quiénes eran su familia… Eso le trajo confusión, tristeza y angustia, que debió aprender a entender y canalizar. Aunque el consumo era cada vez menos frecuente, seguía teniendo recaídas.

Trabajamos el conjunto de su proyecto vital con la visualización de la "obra de teatro" acerca de su vida (Gimeno-Bayon y Rosal, 2001), decidiendo cambiar su guion por otro más genuino y personal. Por ejemplo, cambió el título de su obra y la llamó: "Construyendo una vida feliz". Miramos cómo poder concretar eso en su vida.

Esta transición hacia un "nuevo Daniel" lo asustaba, e identificamos las sensaciones y sentimientos asociados a esta transición. Buscamos qué recursos se podía procurar para hacer frente a los obstáculos, como, por ejemplo, mensajes de autoaceptación como "está bien ser como eres".

Había pasado más de un año desde la pandemia, e iba siendo cada vez más capaz de afrontar las situaciones de riesgo sin consumir. En una ocasión en la que interpretó que su padre era muy despectivo y descalificador con él, él reaccionó de forma asertiva pidiendo al padre que no le hablara de ese modo, mostrándose tranquilo, y no fue a consumir posteriormente. Vivió ese episodio como un gran logro personal, ya que esa situación era una de sus escenas más temidas.

Evolución:

Actualmente lleva más de dos años sin consumir cocaína, un año sin fumar cannabis, y tampoco bebe nada de alcohol. Ya no adopta el rol del "pequeño" en la familia, lo tratan con respeto y le piden consejo, y, en ocasiones, ejerce de cuidador del padre que ya tiene una edad avanzada. Aunque con miedos, ha retomado su actividad laboral, primero en trabajos poco cualificados y luego en trabajos de su sector.

No obstante, no se siente aún satisfecho en esta área. Para ello nos planteamos de forma creativa posibles alternativas a nivel profesional, diferentes a lo que él había hecho siempre, yendo a buscar aquello que se le da bien y le gusta hacer.

Se da cuenta que le gusta aconsejar y asesorar a personas, es un gran comunicador y dispone de un fresco entusiasmo. Se le anima a poner sus cualidades y dones al servicio de otros, y a implicarse en proyectos profesionales que sigan esa línea. Detecta introyecciones que le obstaculizan tirar por ese camino y trabajamos para limpiarlas de su proceso valorativo.

Se siente satisfecho con su vida actual y, aunque aún arrastra inseguridades y complejos, se siente dueño de su vida y se ve capaz de hacer frente, por sí mismo, a los desafíos que la vida traerá consigo. Está preparado para proyectar su propia luz en el mundo para hacer de él un lugar mejor.

Testimonio:

Hola, mi nombre es Daniel, tengo casi 53 años y siento que estoy "construyendo mi vida", en muchos aspectos en los que nunca me había parado a pensar antes.

Si hay un aspecto clave que quiero destacar es el de sentirme FELIZ, algo que estoy alcanzando a través de entenderme y gestionarme.

De mis 53 años de mi vida, 36 han estado vinculados con diferentes sustancias, tres cuartos de mi vida con ellas. Da vértigo cuando te lo dices a ti mismo.

Durante esos años el cannabis me acompañó diariamente, sin excepción. Conviví con anfetaminas, metanfetaminas y MDMA durante 20 años, con una frecuencia de 2 veces por semana durante largos periodos. Desde los 29 años estuve lidiando con la cocaína, hasta que, en los últimos diez o doce años, mi adicción se convirtió en diaria y en el centro de mi vida. Todo en mi día a día se construía alrededor para no poner en riesgo ese consumo. Además, todo ello bien regado con alcohol.

Sí, efectivamente el consumo me ha quitado muchas cosas en la vida, y no hablo de cosas materiales. Pero ¿qué sentido tiene el victimismo? ¿Qué me aporta? Lo importante es entenderlo, aceptarlo, saberte perdonar y seguir adelante.

Sí, tengo una adicción y la tendré toda mi vida, no se cura, pero sí se supera. Hoy no lo escondo, porque es parte de mí, y entiendo que la solución para controlar y dominar la adicción no radica en la "esperanza", en esperar pasivamente a que todo se solucione, sino en bucear dentro de mí. La esperanza fue mi propia trampa, era solo un anhelo de que las cosas cambiaran, depositando mi deseo de cambio sólo en factores externos y no en mí mismo. Por contra, la autocomprensión y la autorrealización me permiten, y aún estoy en ello, generar el cambio desde mi interior, desde mi YO.

Sentirme feliz significa conocerme transparente y sinceramente. Es entender mi entorno y circunstancias y cómo me influyen. Es comprender mis miedos e inseguridades. Y es generar herramientas útiles para "gestionarme" emocional, conductual y psicológicamente. Gestionarme es, por ejemplo, abordar mis interacciones de una forma razonada, sosegada, independiente y serenamente conducida.

Yo era una persona extremadamente extrovertida, (las sustancias ayudaban), con decenas de presuntos amigos, divertido, popular, comunicativo, simpático, educado, influenciador. Pero en realidad no era así, ya que yo era, por dentro, infeliz. De hecho, siempre pensé que tenía dos versiones de mí mismo; una era Daniel, que era formal, educado, profesional, cercano. Una imagen proyectada al mundo y que teatralizaba mediante un papel muy bien construido. Por otro lado, era Niel; una huida sin límites, repleto de excesos, sin barreras ni límites, y que era la válvula de escape de toda esa tensión e insatisfacción que resultaba de interpretar mi otro personaje de Daniel. De hecho, en cada mundo me presentaba con su nombre respectivo, en uno era Daniel y en el otro era Niel.

Hoy sé, a través de lo que he aprendido en mi proceso, que no eran más que dos máscaras de algo que no era Yo. Vivía pensando en cómo me veían los demás y su opinión sobre mí, y no en la opinión que tenía yo de mí mismo.

Un día, conversando con mi amigo Carlos, interesado en cómo estaba y en cómo iba mi tratamiento, le explicaba que me sentía lleno, feliz, que nunca en mi vida había logrado *imaginar que podía llegar a sentirme así. Que era consciente que el camino no había acabado y que este camino era como un videojuego en el que tenías que pasar pantallas, cada vez más difíciles pero que en cada pantalla empezabas con más herramientas y conocimientos para seguir progresando.*

Le contaba también a Carlos, que, durante todo mi periplo, había pasado por manos de distintos psicólogos/as y psiquiatras, ya que, en lo más profundo de mí mismo, veía que mi manera de relacionarme con el mundo no era la adecuada, no funcionaba y no era feliz. A pesar de las terapias, la ansiedad y la frustración seguían acompañándome.

Sólo tengo palabras de agradecimiento para todos los que me atendieron anteriormente, me enseñaron muchas cosas y verdaderamente creo que se implicaron y creyeron en mí para superarlo. Pero reconozco que no siempre logré abrirme al 100%, no lograba confiar, no sentía que se abordase lo que me hacía infeliz y me llevaba a consumir.

Entonces fue cuando Carlos me preguntó mientras hablábamos:

—¿Daniel, y cuál es la diferencia entre la terapia que estás haciendo ahora respecto a todas las anteriores?

No supe contestarle rápidamente y me paré a pensar cómo responderle. Después de unos instantes de reflexión, me salió, sin dudarlo, la respuesta. Le contesté:

—"Creo, Carlos, que por primera vez estoy en un proceso que se adapta a mí. No siento que deba adaptarme yo a un método de curación que ya está predefinido y categorizado. Creo que éste no es un problema que se solucione de forma efectiva con generalidades. Las generalidades te hacen entender el marco del problema, pero mi solución la he encontrado en un trabajo personal y en una comprensión de mis circunstancias. En tratamientos anteriores sentía que tenía que hacer un acto de fe y cumplir unos pasos en los que no creía. Creo

que existía una estigmatización implícita en ellos. No me sentía comprendido y no se me daban tampoco herramientas para comprenderme a mí mismo. No entendía de qué huía o de qué me evadía con el consumo. El único objetivo era no consumir, pero mi desasosiego e infelicidad seguían allí. La adicción no es el único problema. Sí, es un problemón, pero es sobre todo un reflejo de tu propia autodestrucción. Es la máscara con la que lo escondes todo, y lo inevitable es que además te atrapa y no te deja salir. A través de explicaciones y ejercicios vivenciales para mirar dentro de mí mismo, es cuando he entendido qué me hacía sentir mal y cómo eran mis reacciones a todo ello. Aceptar todo esto es lo que hizo que por primera vez me dieran verdaderas ganas de querer cambiar y dejar de consumir. Lo otro solo alimentaba mis auto-mentiras. No enfocaban el problema en su profundidad. El reconocimiento a mi individualidad y, especialmente, un acompañamiento a que lograra tomar responsabilidad de mí mismo, es lo que hizo que empezara a "construir una vida feliz, mi propia vida". Carlos, he aprendido a identificar qué me pasa, porqué me pasa y cómo me afecta, y a conocer mis herramientas, que en mi caso son conocer y dirigir mis emociones, siendo fiel a mí mismo. De hecho, hay una frase que leí un día que lo define muy bien: "El cambio ocurre cuando te aceptas completamente, no cuando intentas forzarlo desde fuera".

He de decir que no es un camino rápido, pero sí muy sólido y con resultados desde sus inicios. Recuerdo cuando empecé en el 2018, tenía la esperanza de cambiar mi vida en un año. Qué ingenuo desear cambiar 36 años de vida en 1 año.

En mi opinión, no se trata de un camino con un principio y un fin, porque pensar eso te lleva a la frustración. Es un camino sin fin y allí radica su hermosura. Es lo más difícil que he hecho en mi vida, pero es lo que más recompensas y satisfacciones me ha dado. Es un camino sin fin, porque es un camino de construcción. Construir es crecer y crecer es la búsqueda de uno mismo, para tomar decisiones acertadas y para vivir de manera equilibrada.

Ahora tengo la certeza de que, sin importar los obstáculos, tengo lo que necesito dentro de mí para seguir adelante.

Daniel.

19 de febrero del 2025

BIBLIOGRAFÍA

Alvear, D. (2015). *Mindfulness en positivo*. Ed. Milenio.

Alvear, D., & Cebolla, A. (2023). *La ciencia de la virtud. Manual de entrenamiento en bienestar basado en prácticas contemplativas (EBC)*. Ed. Kairós.

Beltrán, M. (2022). *Psicoterapia corporal integradora humanista*. Ed. Hakabooks.

Byung-Chul Han. (2019). *La sociedad del cansancio*. Ed. Herder.

Cañas, J. L. (2000). La idea de rehumanización, clave existencial para la filosofía de la historia futura. *Anales del Seminario de Historia de la Filosofía, 17*, 167–194.

Dana, D. (2019). *La teoría polivagal en terapia. Cómo unirse al ritmo de la regulación*. Ed. Eleftheria.

Flores-Kanter, P., Muñoz-Navarro, R., & Medrano, L. A. (2018). Concepciones de la felicidad y su relación con el bienestar subjetivo: un estudio mediante redes semánticas naturales. *Liberabit, 24*(1), 115–130.

Gimeno-Bayón, A. (2016). *Comprendiendo cómo somos. Dimensiones de la personalidad*. Ed. Desclée.

Gimeno-Bayón, A. (2019). *Baúl de recursos*. Ed. Hakabooks.

Gimeno-Bayón, A., & Rosal, R. (2001). *Psicoterapia integradora humanista. Manual para el tratamiento de 33 problemas psicosensoriales, cognitivos y emocionales*. Ed. Desclée.

Goetz, J. L., Keltner, D., & Simon-Thomas, E. (2010). Compassion: An evolutionary analysis and empirical review. *Psychological Bulletin, 136*(3), 351–374.

Harari, Y. N. (2014). *Sapiens. De animales a dioses.* Ed. Debate.

Mason-Jason, & Groves. (2015). *Mindfulness y las adicciones. Recuperación en ocho pasos.* Ed. Siglantana.

Merino-Lorente, S. (2023). Relación entre las adicciones y el trauma emocional desde el modelo biopsicosocial. *Revista de Psicoterapia, 34*(126), 173–187.

Miller, W., & Rollnick, S. (2015). *La entrevista motivacional. Ayudar a las personas a cambiar* (3ª ed.). Ed. Paidós.

National Institute on Drug Abuse (NIDA). (2022, marzo 22). *Las drogas y el cerebro. https://nida.nih.gov/es/publicaciones/las-drogas-el-cerebro-y-la-conducta-la-ciencia-de-la-adiccion/las-drogas-y-el-cerebro*

Porges, S. W. (2017). *Guía de bolsillo de la teoría polivagal. El poder transformador de sentirse seguro.* Ed. Eleftheria.

Prochaska, J. O., & DiClemente, C. C. (1982). *Transtheoretical therapy: Toward a more integrative model of change. Psychotherapy: Theory, Research and Practice, 19,* 276–288.

Romaní, O. (2018). Adolescencia, juventud y drogas. *En Malestares y subjetividades adolescentes. Una aproximación desde la salud mental colectiva* (pp. 79–144). Editorial UOC.

Ruiz Durantez, E. (2006). *Neurobiología de la adicción a las sustancias de abuso. Revista de la Facultad de Ciencias de la Salud, Universidad del Cauca, 8*(3), septiembre.

Salvador, M. (2022). *Más allá del yo. Encontrar nuestra esencia en la curación del trauma.* Ed. Eleftheria.

Schwartz, R. C. (2024). *Introducción a sistemas de la familia interna (IFS).* Ed. Eleftheria.

Steiner, C. (2013). *Educación emocional.* Ed. Jeder.

Stewart, I., & Joines, V. (2007). *AT hoy. Una nueva introducción al análisis transaccional.* Ed. CCS.

Volkow, N. D., & Morales, M. (2015). *The brain on drugs: From reward to addiction. Cell, 162,* 712–725.

Washton, A., & Boundy, D. (1991). *Querer no es poder. Cómo comprender y superar las adicciones.* Ed. Paidós.